福建省档案文献遗产名录

福建省档案局　福建省档案馆　编

福建人民出版社
海峡出版发行集团
THE STRAITS PUBLISHING & DISTRIBUTING GROUP

图书在版编目（CIP）数据

福建省档案文献遗产名录 / 福建省档案局，福建省档案馆编. --福州：福建人民出版社，2019.12
ISBN 978-7-211-08121-9

Ⅰ. ①福… Ⅱ. ①福… ②福… Ⅲ. ①历史档案—档案资料—汇编—福建 Ⅳ. ①K295.7

中国版本图书馆CIP数据核字（2019）第004793号

福建省档案文献遗产名录
FUJIANSHENG DANGAN WENXIAN YICHAN MINGLU

编　　者：福建省档案局　福建省档案馆
责任编辑：陶　璐　　美术编辑：王　玮
装帧设计：福州文化行旅刻书坊
出版发行：福建人民出版社
地　　址：福州市东水路76号　　邮　　编：350001
电　　话：0591-87533169（发行部）
网　　址：http://www.fjpph.com
电子邮箱：fjpph7211@126.com
经　　销：福建新华发行（集团）有限责任公司
印　　刷：福州雄胜彩印有限公司
开　　本：889毫米×1194毫米　1/16
印　　张：8.75　　字　　数：127千字
版　　次：2019年12月第1版
印　　次：2019年12月第1次印刷
书　　号：ISBN 978-7-211-08121-9

定　　价：78.00元

岁月失语 惟石能言

卓兆水

2014年，习近平总书记在联合国教科文组织总部发表演讲时说："让收藏在博物馆里的文物、陈列在广阔大地上的遗产、书写在古籍里的文字都活起来，让中华文明同世界各国人民创造的丰富多彩的文明一道，为人类提供正确的精神指引和强大的精神动力。"

文献遗产包括档案、手稿、图像、口述历史记录、古籍善本等，是过去某一重要事件、重大变革、重大发现、重大成果、重要发展阶段和重要人物的历史见证，是"社会记忆"完整性和系统性的重要凭证。地处中国东南沿海的福建，是古代海上丝绸之路的重要起点，历史悠久、区位独特、文化灿烂，留下许多弥足珍贵的文献遗产。这些文献从各个侧面反映了福建的发展历史变迁，成为八闽儿女的共同记忆。

档案，作为人类记忆的有效载体，是社会文明进步的重要见证。1992年，联合国教科文组织（UNESCO）发起世界记忆工程（Memory of the World Programme），建立《世界记忆名录》；1995年，中国"世界记忆工程"全国委员会成立；2000年，国家档案局成立"中国档案文献遗产工程"领导小组，推动档案文献遗产的保护与开发。作为档案部门，我们始终在思考，如何更有效发挥档案文献"存凭、留史、资政、育人"的重要功能，并在推进以侨批档案为重点的文献遗产保护、管理和开发中进行积极实践。2008年以来，福建省档案馆启动全省珍贵档案评选，至今共有61件（组）档案文献入选《福建省珍贵档案文献名录》，侨批档案更是同时入选《中国档案文献遗产名录》《世界记忆亚太地区名录》《世界记忆名录》，成为我省首个入选世界记忆遗产的项目，标志着福建在自然遗产、文化遗产、非物质文化遗产以及记忆遗产上实现“大满贯”。

在福建省委、省政府关心重视以及省委办公厅大力支持下，2018年11月，联合国教科文组织、国家档案局在福建省档案馆设立世界记忆项目福建学术中心，成为继澳门学术中心和北京学术中心之后，我国第三个、世界第四个世界记忆项目学术中心，并签署《关于开展世界记忆项目合作的谅解备忘录》，省委、省政府领导出席签约仪式。中心成立一年来，积极践行“激情、和谐、规范、快捷”工作作风，在研究制定发展规划、开展侨批档案研究开发、深化对外交流合作等方面，做了大量工作。比如，2019年10月15日，为庆祝澳门回归祖国20周年，在澳门举办“闽澳世界记忆与海上丝绸之路”档案图片展暨研讨会，反响热烈。福建学术中心不仅成为档案部门，更成为全省对外交流交往的闪亮品牌。

本书正是依托世界记忆项目福建学术中心，在整合全省珍贵档案资源基础上编辑而成。书中收录的珍贵档案文献，是由档案、历史、方志、文博、古籍文献等各领域专家学者，根据《福建省珍贵档案文献评选办法（试行）》，从全省珍贵档案文献中精选而来，是福建经济、社会、生活等各方面发展变化的集中体现，也是全省档案工作者多年辛勤耕耘的智慧结晶，展现了福建在档案文献遗产保护、研究方面的丰硕成果。

文献遗产保护与利用任重而道远。作为档案工作者，我们坚信“积力之所举,则无不胜也；众智之所为，则无不成也”。希望该书的付梓出版，能够为读者提供一个走近和了解文献遗产的途径，向社会各界展示其独特魅力与特殊价值，增强人们对文献遗产及其保护工作重要性的认识，凝聚全社会力量，关注、支持、参与档案文献遗产保护和开发，共同为留住世界记忆文献遗产、保存人类文明发展脉络而努力。

是为序。

（作者系中共福建省委办公厅厅务会议成员、福建省档案局局长，福建省档案馆党组书记、馆长）

目录

档案文献名称	福建侨批档案
档案文献形成年代	清末至20世纪90年代
档案文献数量	近50000件
档案文献保存者	福建省档案馆
地址	福建省福州市大学城中心共享区明德路2号
邮编	350108

档案文献内容及评介

闽南方言称书信为“批”，海外华侨与国内书信往来称“侨批”“番批”。侨批是清代以来海外侨胞通过民间渠道，及后来的金融邮政机构寄回国内的家书或简单附言及回款的凭证，是一种“银信合封”的华侨家书。从事侨批收发汇兑的信局叫“批信局”“民信局”。福建省档案馆馆藏侨批档案主要有官方邮政机构、金融机构对侨批业的监管文件、批信局自身形成的侨批业务文件、各种侨批实寄封等。侨批档案蕴含独特的文化内涵，对研究华侨史、邮政史、金融汇兑史、海外交通史乃至国际关系史等具有重要的史料价值。福建侨批档案于2010年入选《中国档案文献遗产名录》，2012年入选《世界记忆亚太地区名录》，2013年入选联合国教科文组织《世界记忆名录》。

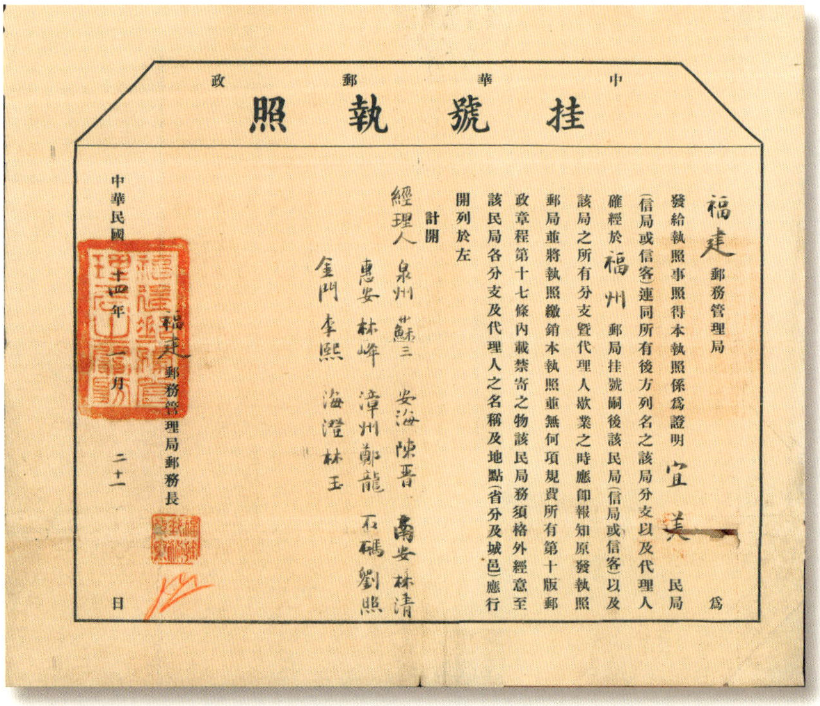
中華郵政
挂號執照
福建郵務管理局　爲
發給執照事照得本執照係爲證明宜美民局
(信局或信客)連同所有後方列名之該局分支以及代理人
確經於福州郵局挂號嗣後該民局(信局或信客)以及
該局之所有分支暨代理人歇業之時應即報知原發執照
郵局並將執照繳銷本執照並無何項規費所有第十版郵
政章程第十七條內載禁寄之物該民局務須格外經意至
該民局各分支及代理人之名稱及地點(省分及城邑)應行
開列於左
計開
經理人　泉州蘇三　安海陳晋　南安林清
惠安林峰　漳州鄭龍　石碼劉照
金門李熙　海澄林玉
福建郵務管理局郵務長
中華民國十四年一月二十一日

◎1925年福建邮务管理局发给宜美信局的挂号执照

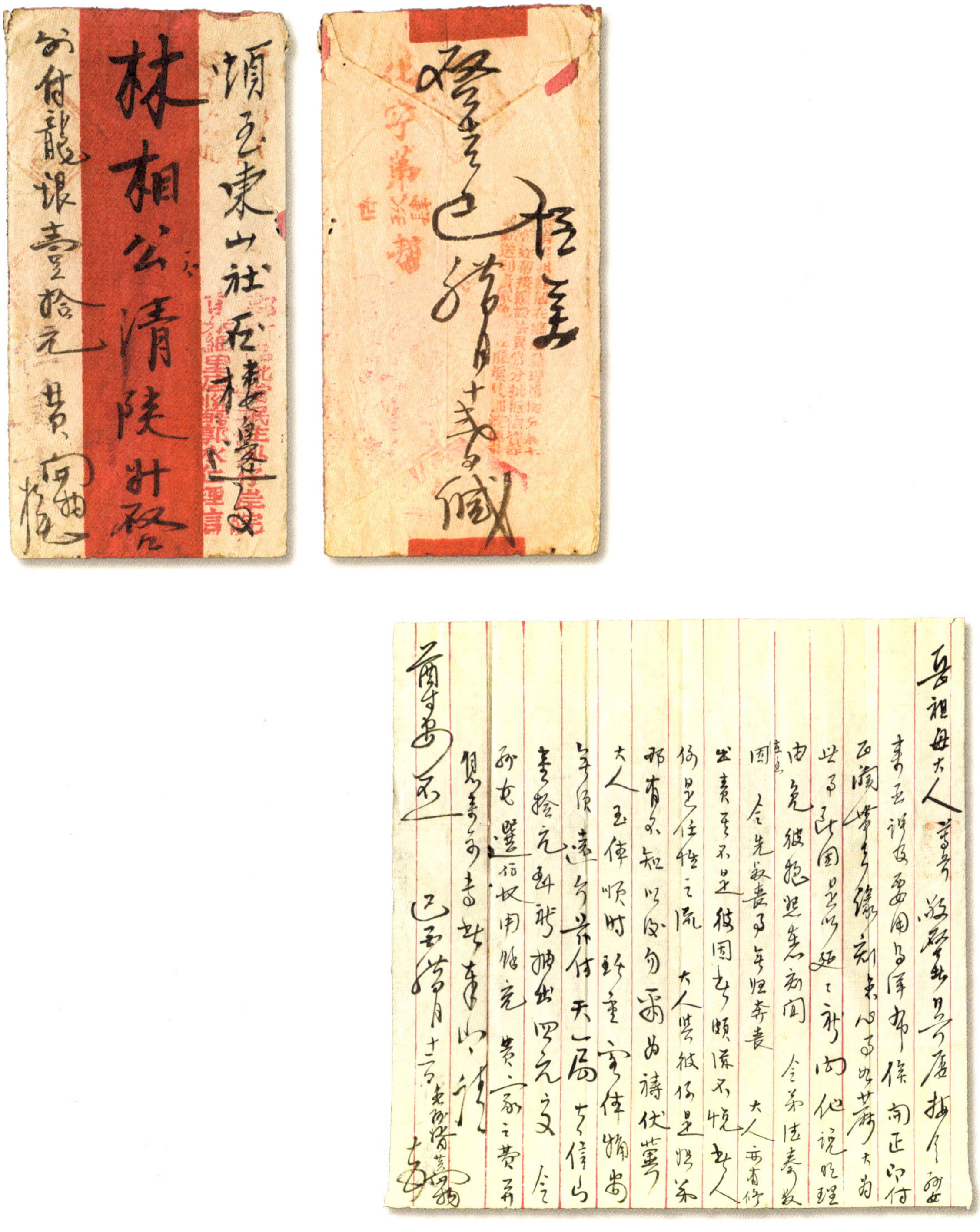

◎清末海外华侨寄往家乡东山的实寄封

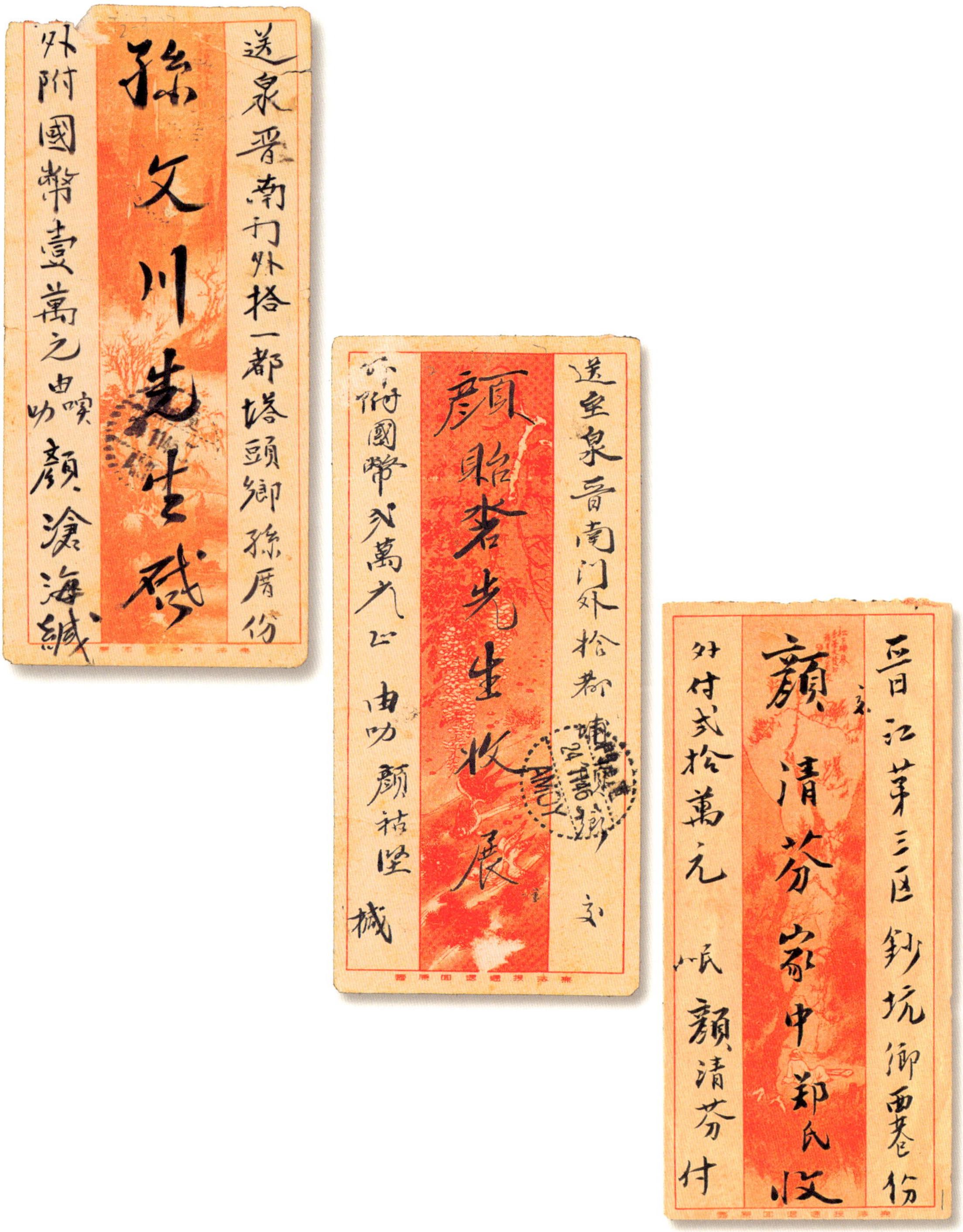

◎民国时期海外华侨寄往家乡泉州的实寄封

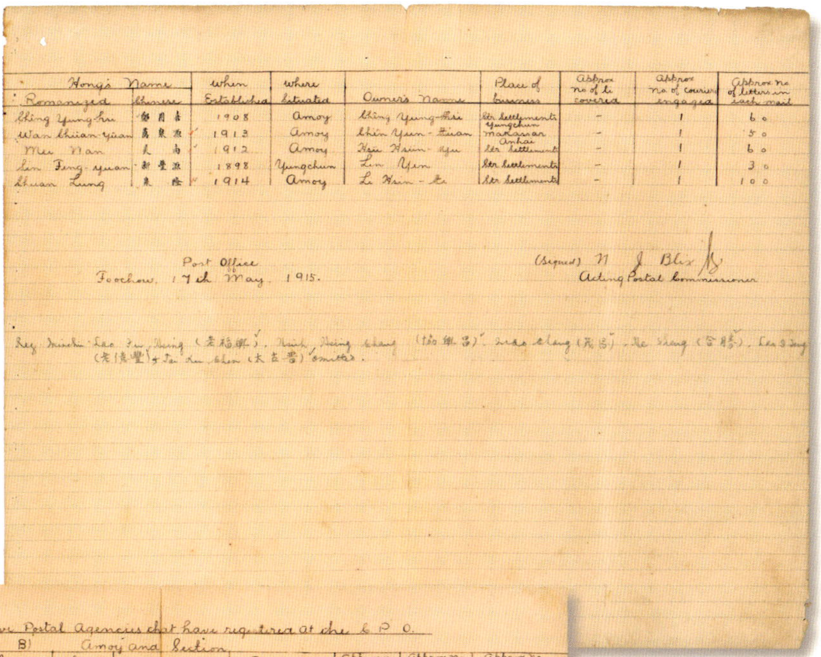

Hong's Name: Romanized	Hong's Name: Chinese	When Established	Where Situated	Owner's Name	Place of business	Approx no of li covered	Approx no of couriers engaged	Approx no of letters in each mail
Ching Yung-hu	鄭月吉	1908	Amoy	Ching Yung-Hsi	Str Settlements	-	1	60
Wan Chüan-yüan	萬泉源	1913	Amoy	Chin Yun-Hsüan	Yungchun Makassar	-	1	50
Mei Nan	美南	1912	Amoy	Hsu Hsin-yu	Anhai Str Settlements	-	1	60
Lin Feng-yuan	新豐源	1898	Yungchun	Lin Yen	Str Settlements	-	1	30
Chuan Lung	泉隆	1914	Amoy	Li Hsin-Ki	Str Settlements	-	1	100

Post Office
Foochow. 17th May. 1915.

(Signed) N. J. Blix
Acting Postal Commissioner

Reg. Minchi Lao Fu Hsing (老福興), Nanh Hsing Chang (協興昌), Mao Chang (茂昌), Ho Sheng (合勝), Lao ? Sing (老信豐) & Tai Ku Chen (太古晉) omitted.

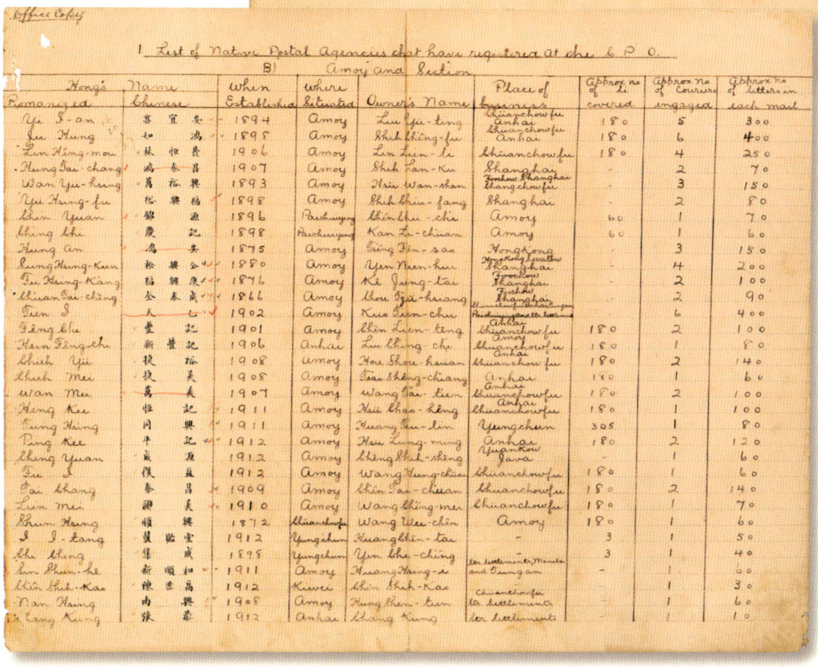

Office Copy

1 List of Native Postal Agencies that have registered at the C. P. O.

B) Amoy and Section

Hong's Name: Romanized	Hong's Name: Chinese	When Established	Where Situated	Owner's Name	Place of business	Approx no of li covered	Approx no of Couriers engaged	Approx no of letters in each mail
Yi I-an	益宜安	1894	Amoy	Liu Yü-ting	Chüanchowfu Anhai	180	5	300
Ju Hung	如鴻	1898	Amoy	Shih Ching-fu	Chuanchowfu Anhai	180	6	400
Lin Heng-mou	林恒茂	1906	Amoy	Lin Lien-li	Chüanchowfu	180	4	250
Hung Tai-chang	鴻泰昌	1907	Amoy	Shih Lan-Ku	Shanghai	-	2	70
Wan Yu-hsing	萬裕興	1893	Amoy	Hsü Wan-shan	Foochow Shanghai Changchowfu	-	3	150
Yu Hsing-fu	裕興福	1898	Amoy	Shih Chiu-fang	Shanghai	-	2	80
Chin Yuan	錦源	1896	Paishuiying	Chin Chu-chi	Amoy	60	1	70
Ching Chi	慶記	1898	Paishuiying	Kan Li-chüan	Amoy	60	1	60
Hung An	鴻安	1875	Amoy	Tsing Fin-sao	Hongkong	-	3	150
Sung Hsing-Kun	松興公	1880	Amoy	Yen Nien-hui	Hongkong Swatow Shanghai	-	4	200
Fu Hsing-Kang	福興康	1876	Amoy	Ke Jung-tai	Foochow Shanghai	-	2	100
Chüan Tai-chêng	全泰成	1866	Amoy	Chou Tzu-hsiang	Foochow Shanghai	-	2	90
Tien I	天一	1902	Amoy	Kuo Tien-chu	Chüanchowfu Anhai Tungan Paishuiying and Str Settlements		6	400
Fêng Chi	豐記	1901	Amoy	Chin Lien-teng	Anhai Chüanchowfu	180	2	100
Hsin Fêng-chi	新豐記	1906	Anhai	Liu Ching-chi	Amoy Chuanchowfu	180	1	80
Chieh Yü	捷裕	1908	Amoy	Hou Shou-hsüan	Anhai Chüanchow fu	180	2	140
Chieh Mei	捷美	1908	Amoy	Tsai Shêng-chiang	Anhai	180	1	60
Wan Mei	萬美	1907	Amoy	Wang Tai-tien	Anhai Chüanchowfu	180	2	100
Heng Kee	恒記	1911	Amoy	Hsü Chao-hêng	Anhai Chuanchowfu	180	1	100
Tung Hsing	同興	1911	Amoy	Huang Tsu-lin	Yungchun	305	1	80
Ping Kee	平記	1912	Amoy	Hsu Lung-ming	Anhai	180	2	120
Cheng Yuan	成源	1912	Amoy	Chêng Shih-shêng	Yuankow Java	-	1	60
Fu I	復益	1912	Amoy	Wang Hung-chüan	Chüanchowfu	180	1	60
Tai Chang	泰昌	1909	Amoy	Chin Tai-chüan	Chuanchowfu	180	2	140
Lien Mei	聯美	1910	Amoy	Wang Ching-mei	Chüanchowfu	180	1	70
Shun Hsing	順興	1872	Chüanchowfu	Wang Wei-chên	Amoy	180	1	60
I I-tang	[illegible]監堂	1912	Yungchun	Huang Chên-tai	-	3	1	50
Chi Cheng	集成	1898	Yungchun	Yin Che-ching	-	3	1	40
Sin Shun-he	新順和	1911	Amoy	Huang Hsing-i	Str Settlements, Manila and Tungan	-	1	60
Chin Shih-Kao	陳世高	1912	Kiwei	Chin Shih-Kao		-	1	30
Nan Hsing	南興	1908	Amoy	Hung Chen-tien	Chüanchowfu Str Settlements	-	1	60
Tsang Kung	張恭	1912	Anhai	Chang Kung	Str Settlements	-	1	10

◎在厦门注册的民信局名录

档案文献名称	宋景定元年至明万历八年出卖山场组契
档案文献形成年代	宋景定元年（1260年）–明万历八年（1580年）
档案文献数量	3件
档案文献保存者	宁德市档案馆
地　　址	福建省宁德市蕉城区署前路14号
邮　　编	352100

档案文献内容及评介

该档案由宋景定元年（1260年）、明天顺四年（1460年）、明万历八年（1580年）形成的民间山场买卖契据组成，反映了山场300多年买卖流转的情况。该档案形成年代久远，品相完好且具有连续性，是研究民间契约的珍贵史料。

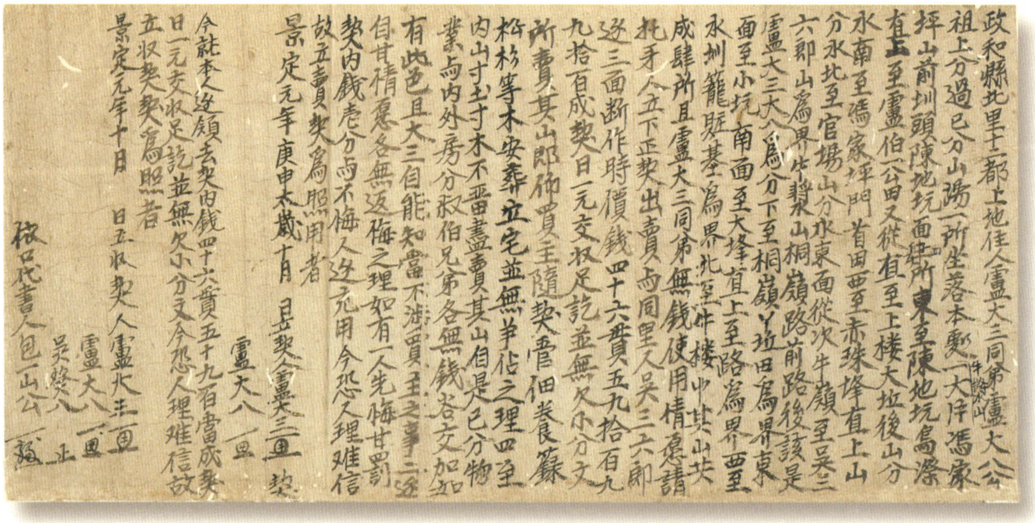

◎宋景定元年（1260年）山场卖契

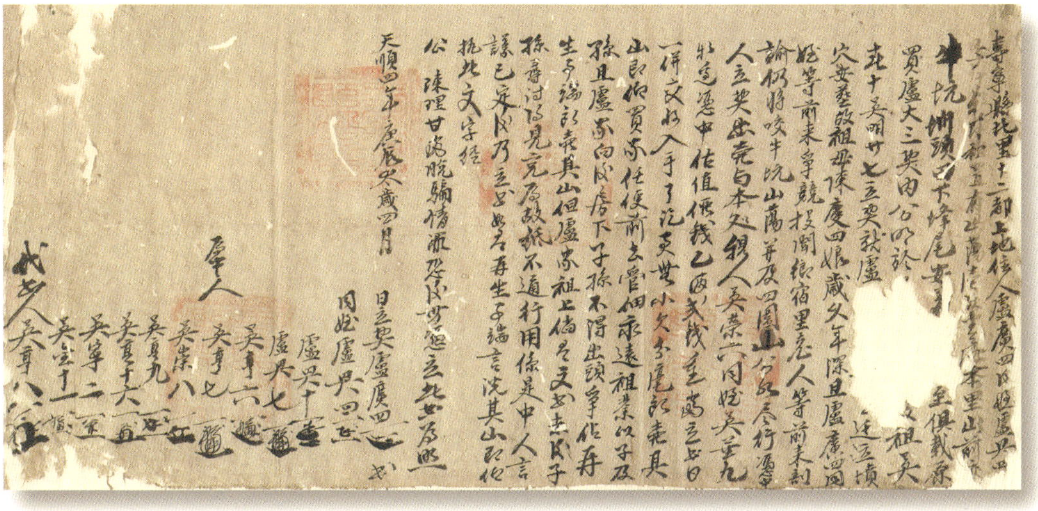

◎明天顺四年（1460年）山场卖契

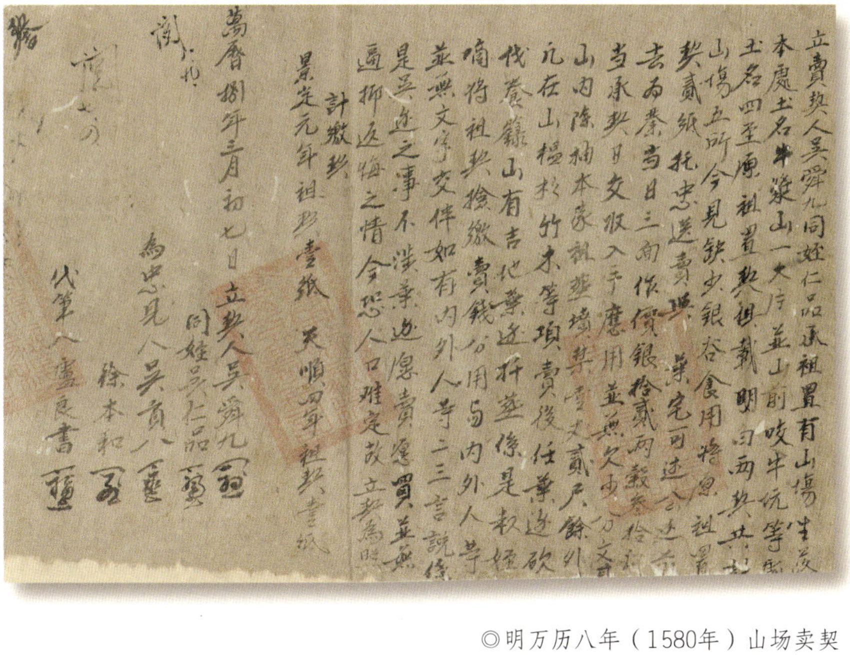

◎明万历八年（1580年）山场卖契

档案文献名称	明万历年间土地清丈归户帖
档案文献形成年代	明万历八年（1580年）、明万历十二年（1584年）
档案文献数量	3件
档案文献保存者	福建省档案馆
地址	福建省福州市大学城中心共享区明德路2号
邮编	350108

档案文献内容及评介

明万历六年（1578年）十一月，福建奉朝廷之令率先试行“清丈田粮”。万历八年（1580年）九月，福建清丈完毕。明万历九年（1581年），内阁首辅张居正将福建丈量之法推行于全国各地，在全国开展了“清丈田粮”，通过清丈来整理全国的田地和税粮。该档案是福建闽西在清丈土地后，地方政府颁给业主的土地所有权凭证。该档案年代久远，存量极少，是研究明朝土地制度的重要史料。

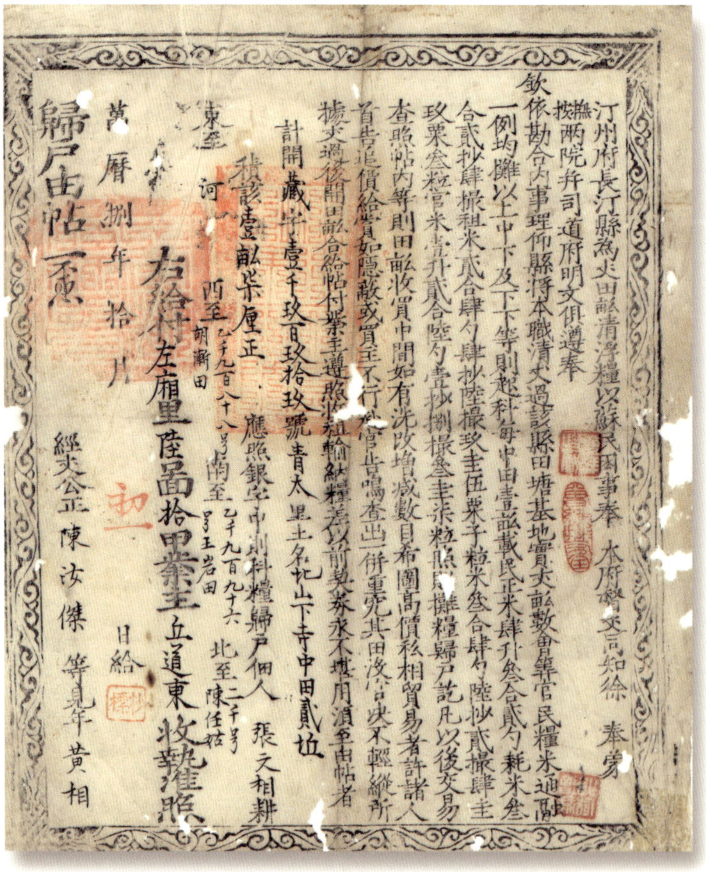

◎明万历八年（1580年）长汀县土地清丈归户帖

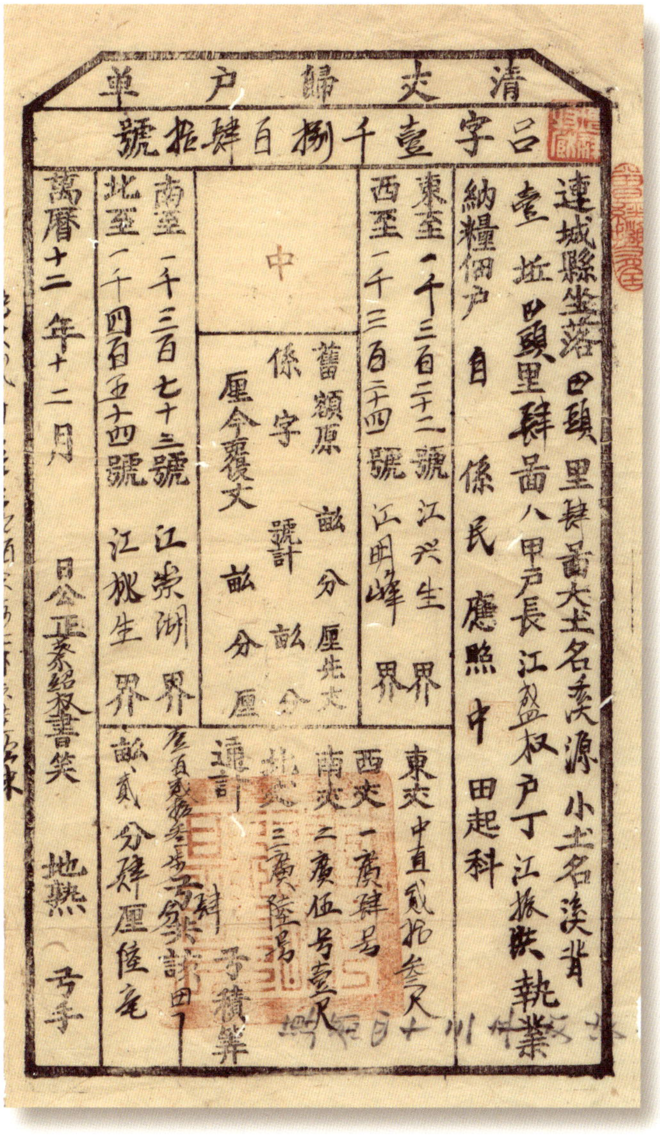

◎明万历十二年（1584年）连城县土地清丈归户帖

档案文献名称	明万历四十二年至1952年侯官县觉民坊房屋卖断契
档案文献形成年代	明万历四十二年（1614年）－1952年
档案文献数量	8件
档案文献保存者	福建省档案馆
地址	福建省福州市大学城中心共享区明德路2号
邮编	350108

档案文献内容及评介

该档案是侯官县觉民坊一所民宅的7次买卖契据，反映了这所民宅300多年来买卖流转的情况，是研究明清以来民间住宅买卖的重要史料。

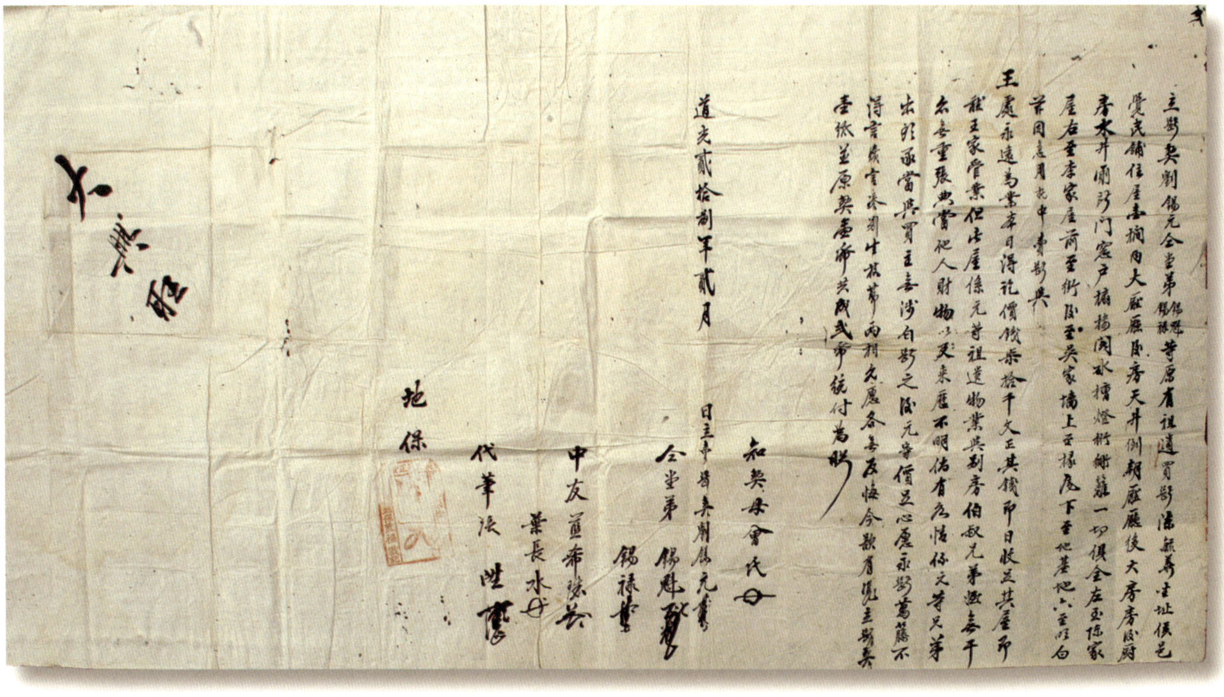

◎清道光二十八年（1848年）卖房契

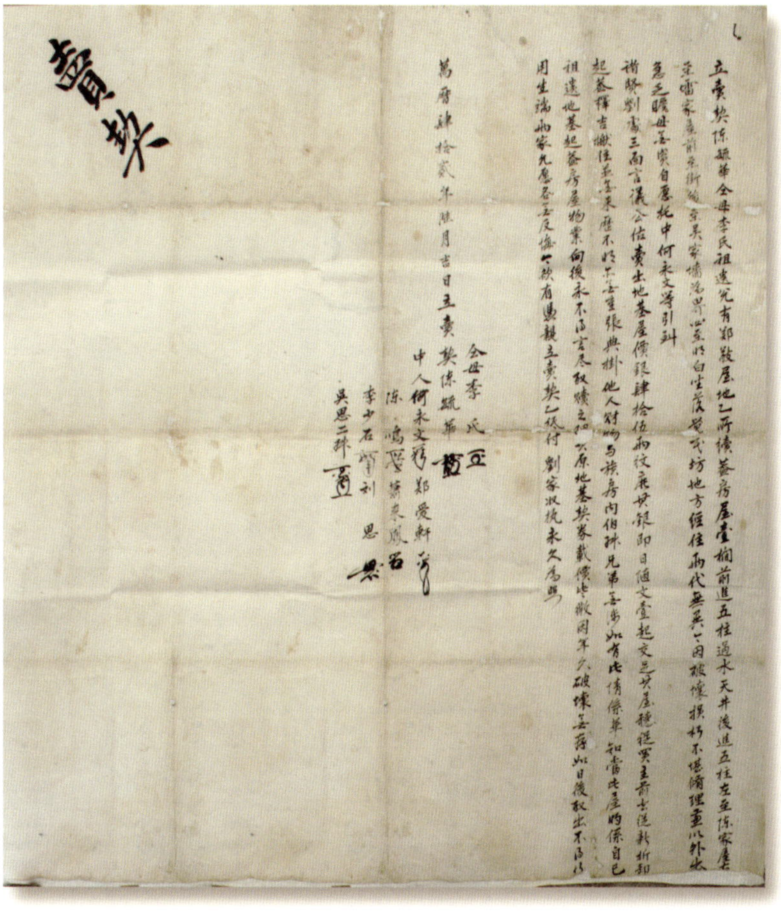

◎明万历四十二年（1614年）卖房契

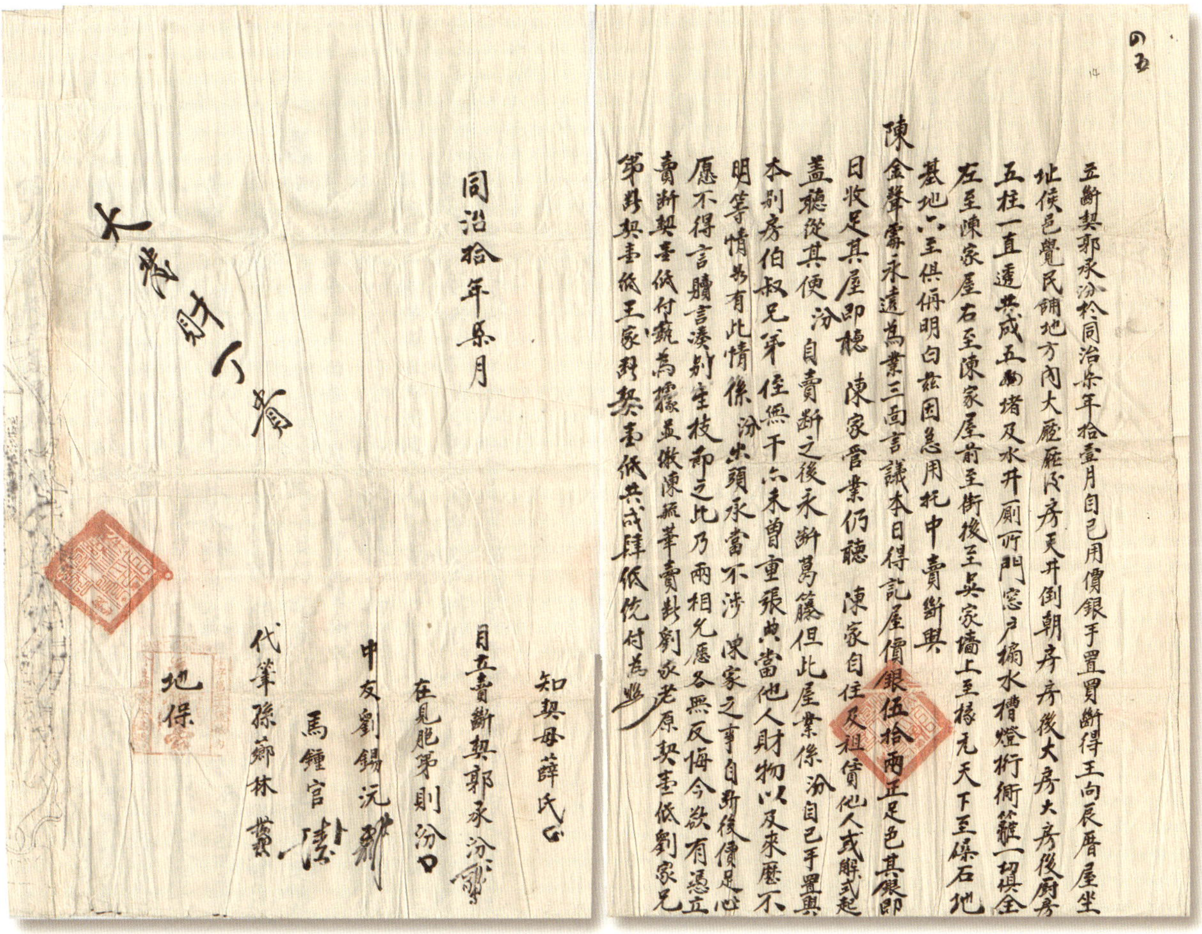

◎清同治十年（1871年）卖房契

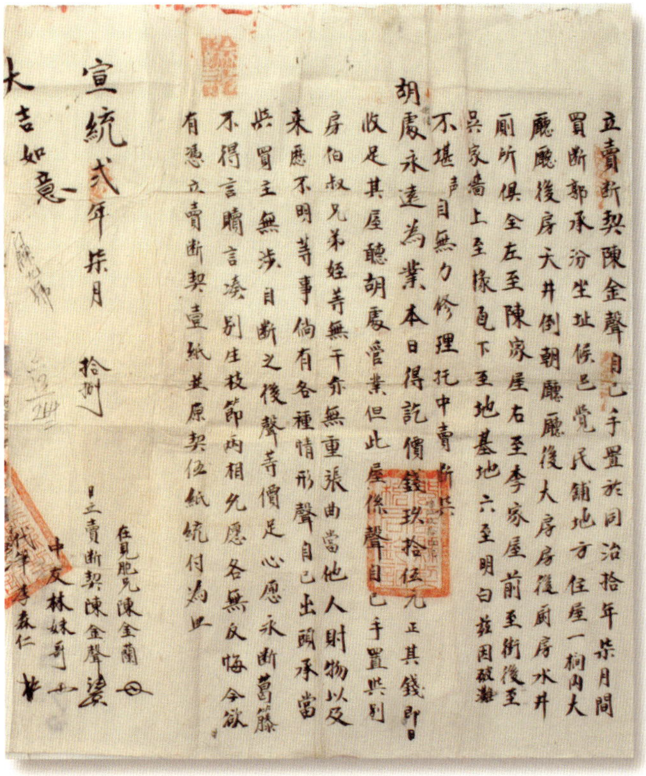
立賣斷契陳金聲自己手置於同治拾年柒月間
買斷鄭承汾坐址係邑覺氏舖地方住屋一桐內大
廳廳後房天井倒朝廳廳後大房房後廚房水井
廁所俱全左至陳家屋右至李家屋前至街後至
吳家牆上至椽瓦下至地基地六至明白茲因破爛
不堪聲自無力修理托中賣斷與
胡處永遠為業本日得訖價錢玖拾伍元正其錢即日
收足其屋聽胡處管業但此屋係聲自己手置與別
房伯叔兄弟姪等無干亦無重張曲當他人財物以及
來歷不明等事倘有各種情形聲自己出頭承當
與買主無涉自斷之後聲等價足心愿永斷葛籐
不得言贖言湊別生枝節兩相允愿各無反悔今欲
有憑立賣斷契壹紙並原契伍紙統付為照

在見胞兄陳金蘭
立賣斷契陳金聲
中人 林妹哥
李森仁

宣統弍年柒月 拾捌日立賣斷契
大吉如意

◎清宣统二年（1910年）卖房契

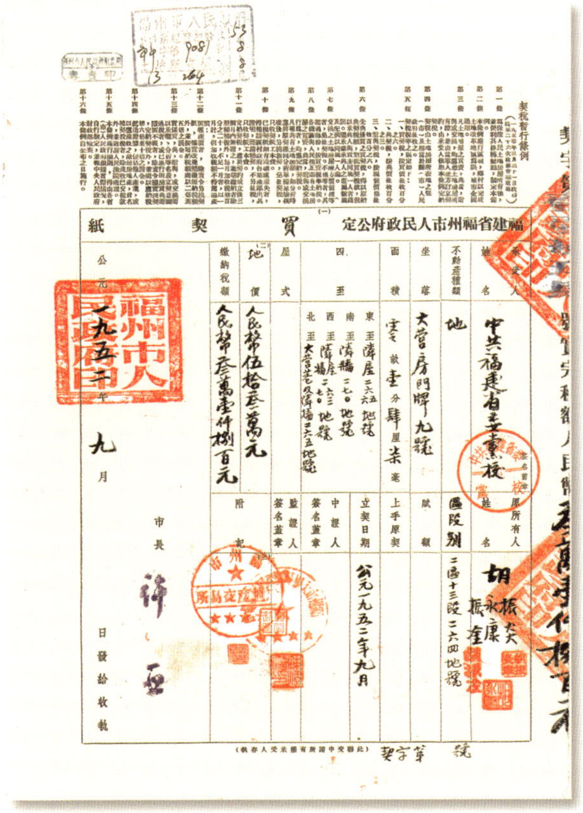
福建省福州市人民政府公定買契紙
承受人姓名：中共福建省委黨校
不動產種類：地
坐落：大營房門牌九號
面積：壹畝壹分肆厘柒毫
四至：東至薛厝二六五地號；南至涛墙二七〇地號；西至涛墙二六三地號；北至大營巷及涛墙二六五地號
地價：人民幣伍拾叁萬元
繳納稅額：人民幣叁萬壹仟捌百元
原所有人姓名：胡振大 胡永康 胡振奎
區段別：二區十三段二六四地號
立契日期：公元一九五二年九月
公元一九五二年九月 日發給收執
市長 許亞
字第 號契

◎1952年卖房契

档案文献名称	明代《苍霞草全集》
档案文献形成年代	明朝天启年间
档案文献数量	10册
档案文献保存者	福清市档案馆
地　　　　址	福建省福清市音西街道清盛大道8号
邮　　　　编	350300

档案文献内容及评介

叶向高（1559年－1627年），明万历、天启年间两度出任内阁辅臣。该文献是他最重要的著作之一，内容涉及时局要闻、朝政大事和其为官的经历感受等，为天启年间刻本。因内容涉及建州史事，在清初修《四库全书》时被列为禁毁之书，存世量极少，对研究明史具有重要的参考价值。

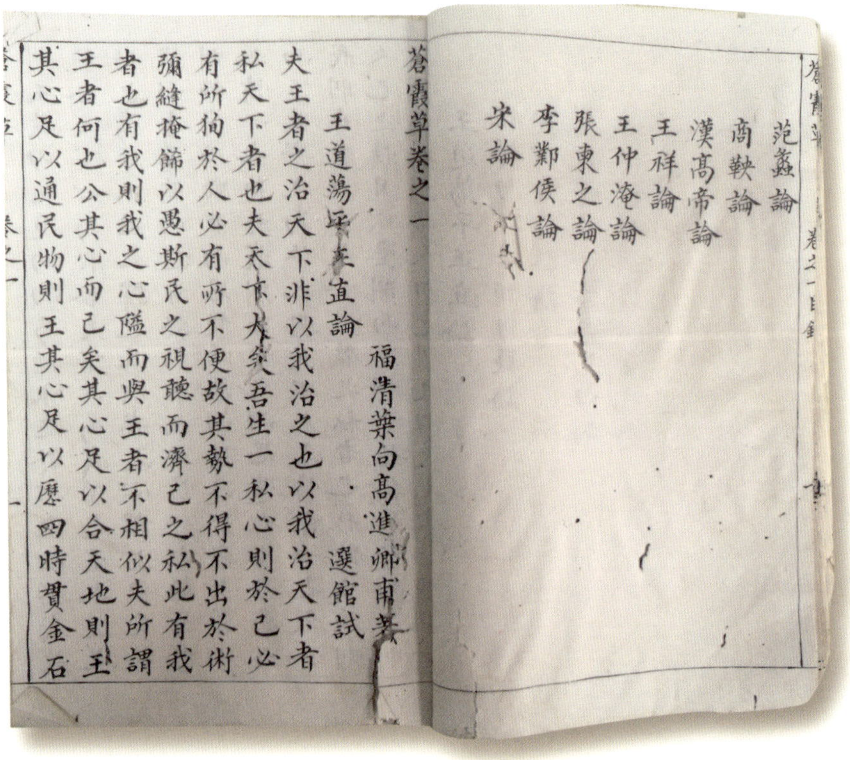
蒼霞草卷之一
王道蕩平正直論
福清葉向高進卿甫著
選館試
夫王者之治天下非以我治之也以我治天下者
私天下者也夫天下大矣吾生一私心則於己必
有所徇於人必有所不便故其勢不得不出於術
彌縫掩飾以愚斯民之視聽而濟己之私此有我
者也有我則我之心隘而與王者不相似夫所謂
王者何也公其心而已矣其心足以合天地則王
其心足以通民物則王其心足以歷四時貫金石

范蠡論
商鞅論
漢高帝論
王祥論
王仲淹論
張東之論
李鄴侯論
宋論

◎《苍霞草》卷一

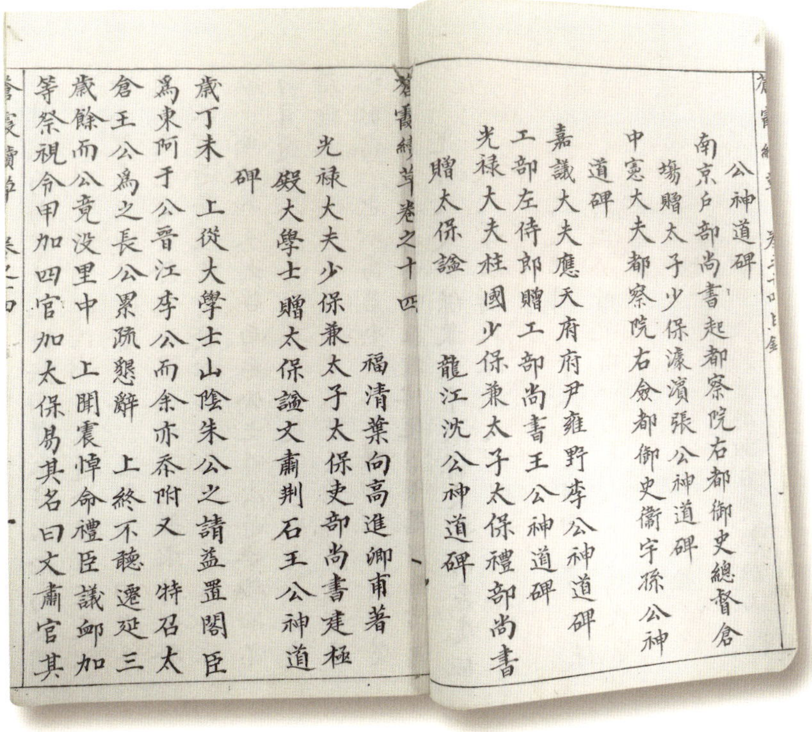

◎《苍霞续草》卷十四

档案文献名称	郑成功嫡孙卖地契
档案文献形成年代	清康熙四十九年至五十二年（1710年–1713年）
档案文献数量	3件
档案文献保存者	厦门市国土房产测绘档案管理中心
地址	福建省厦门市湖滨中路520号
邮编	361013

档案文献内容及评介

该档案是清康熙四十九年（1710年）郑成功嫡孙郑克圻为贴补家用，将其祖上所遗之店屋卖给鲁亨等业户，并于清康熙五十一年（1712年）验印纳税的卖地契，反映了所卖店屋的方位、面积、缴纳的税银以及买卖双方履约规则等内容。该档案保存较完好、承接较完整、形制正规、年代较久远，十分珍贵。

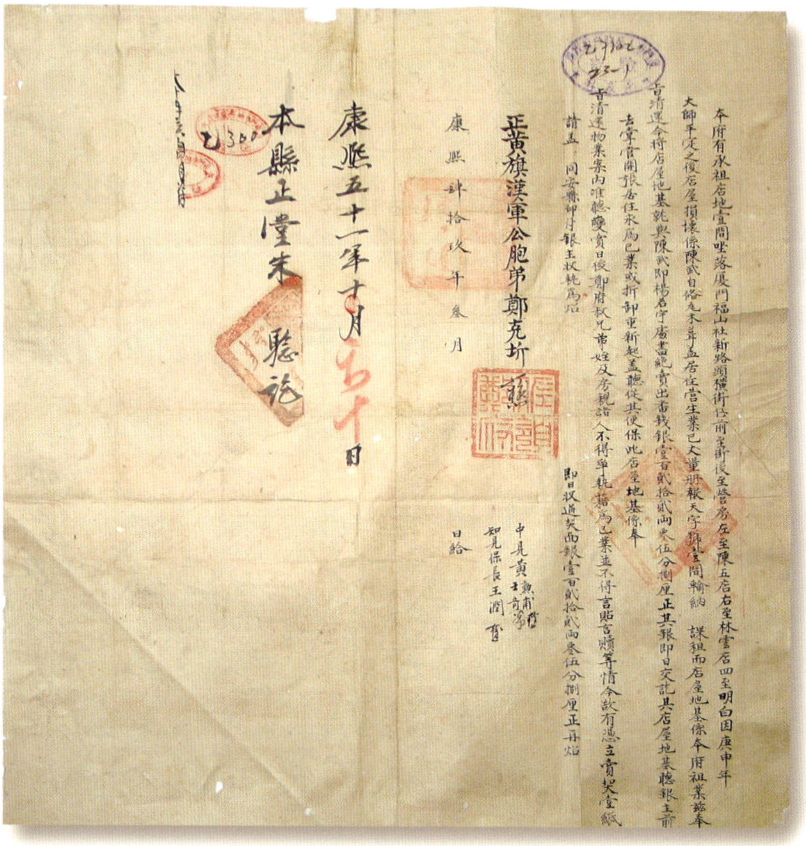

◎清康熙四十九年（1710年）郑克圻卖地契

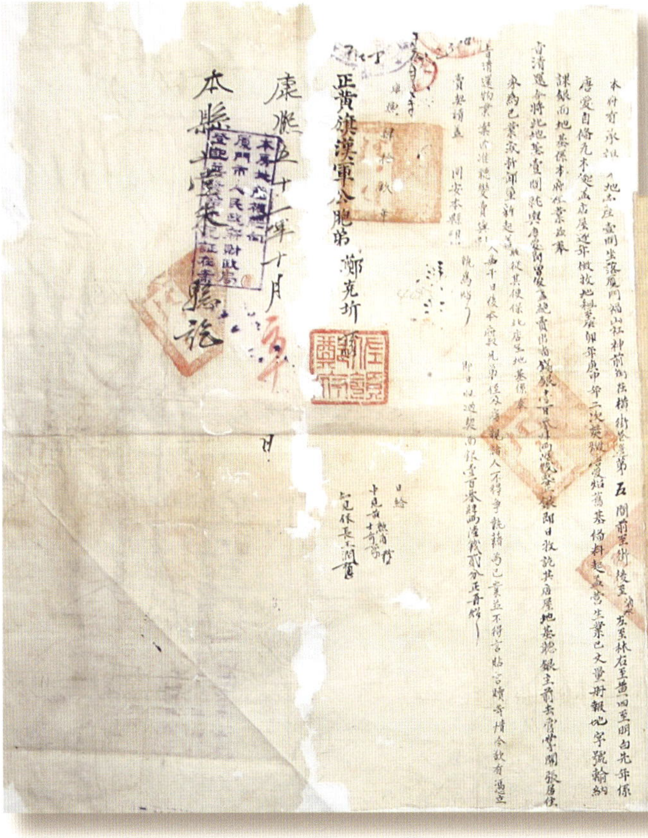

◎清康熙五十一年（1712年）郑克圻卖地契

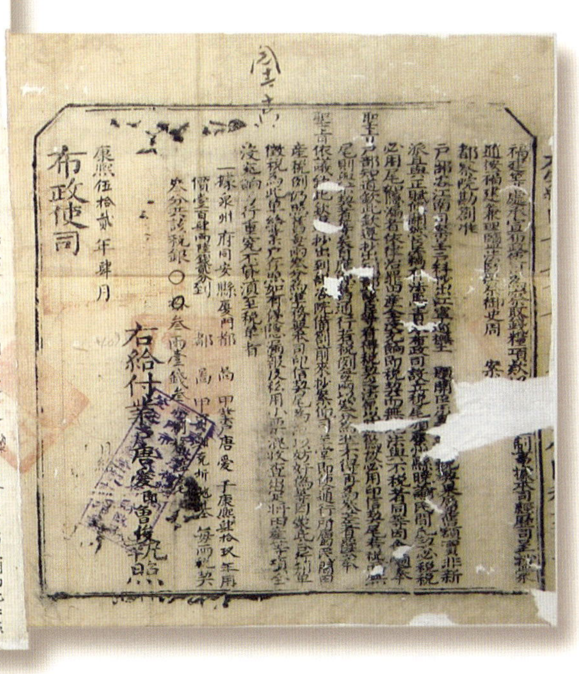

◎清康熙五十二年（1713年）郑克圻卖地契尾

档案文献名称	清康熙五十四年版《玉华洞志》
档案文献形成年代	清康熙五十四年（1715年）
档案文献数量	6册
档案文献保存者	三明市将乐县档案馆
地址	福建省三明市将乐县古镛镇百花社区前进路11号
邮编	353300

档案文献内容及评介

该文献系清康熙五十四年（1715年）由县绅廖崔龄主持重修，为木刻印刷版线装古籍，共6册，其中80幅玉华洞明代导游图描绘了玉华洞176处古迹和景点，被上海大世界基尼斯认定为“年代最久的洞穴导游图集”。该文献是最早介绍玉华洞地形地貌、游览史及诗词歌赋等的书籍，具有很高的艺术和史学价值。

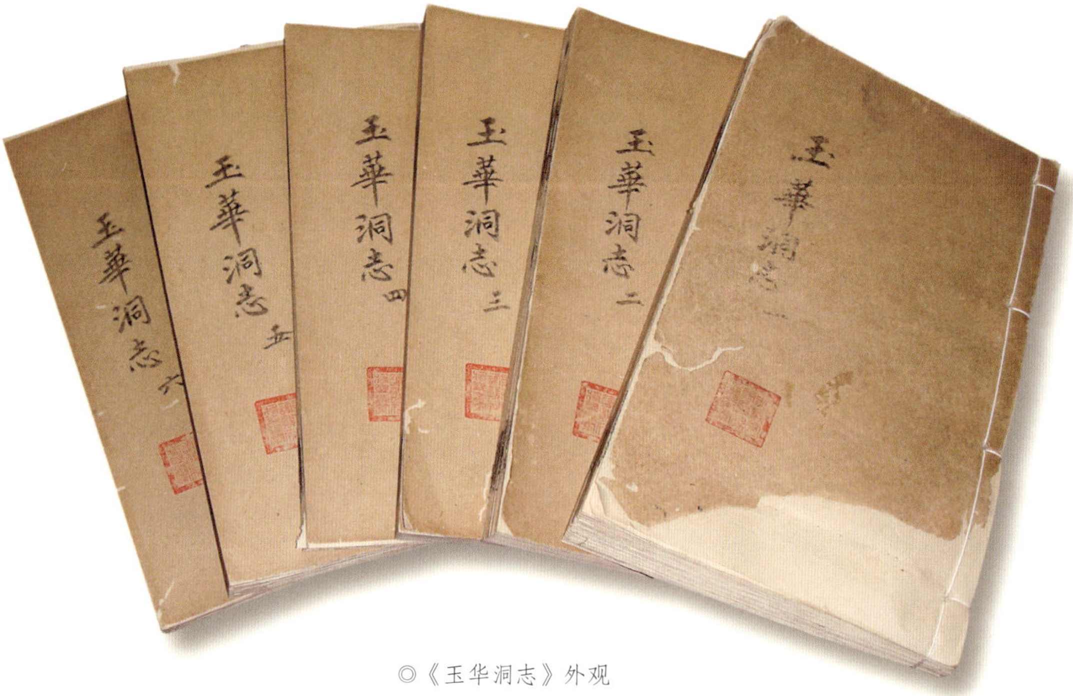

◎《玉华洞志》外观

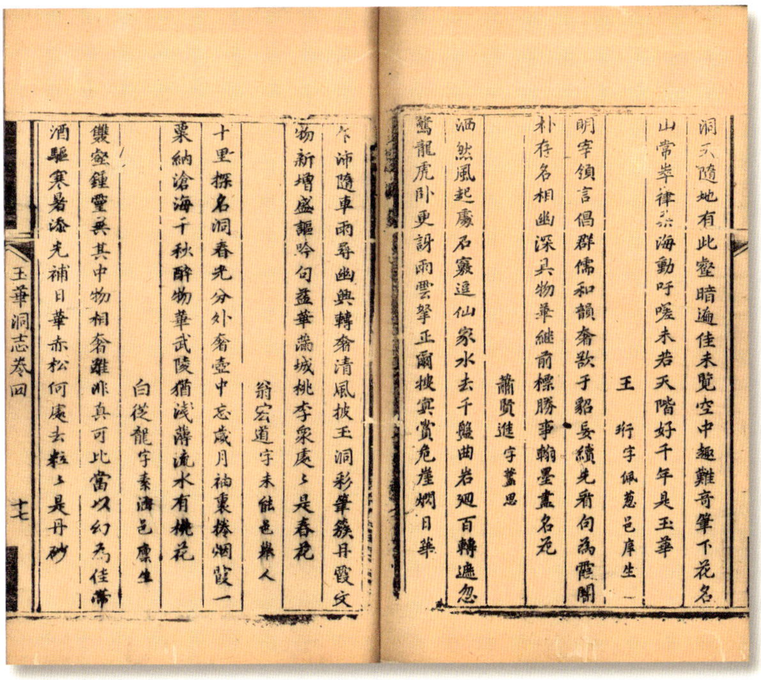

洞天隨地有此壑晴遍佳未覺空中趣難奇筆下花名
山常峯律㕘海動吁嗟未若天階好千年具玉華

王　　珩字佩蔥邑庠生

明宰領言倡群儒和韻奢歆于貂長續先肴句爲霞閣
朴存名相幽深具物華繼前標勝事翰墨盡名花

蕭賢進字薹思

洒然風起處石竅逗仙家水去千盤曲岩廻百轉遮忽
驚龍虎卧更訝雨雲拏正爾披宾賞危崖燗日華

汸隨車雨尋幽興轉奢清風披玉洞彩筆發丹霞文
物新增盛謳吟句益華滿城桃李衆處處是春花

翁宏道字未能邑舉人

十里探名洞春光分外奢壺中忘歲月袖裏捲烟霞一
粟納滄海千秋醉物華武陵猶淺薄流水有桃花

白從龍字秦海邑廩生

鑱鑿鍾靈異其中物相奢離非真可比當以幻爲佳帶
酒驅寒暑添光補日華赤松何處去粒粒是丹砂

玉華洞志卷四　十七

◎《玉华洞志》内页

档案文献名称	施世骠批准的住房申请文书
档案文献形成年代	清康熙五十七年（1718年）
档案文献数量	1件
档案文献保存者	厦门市国土房产测绘档案管理中心
地址	福建省厦门市湖滨中路520号
邮编	361013

档案文献内容及评介

该档案系福建水师吏房书办魏国彩于清康熙五十七年（1718年）买房所立，由清初名将施琅之子、时任福建水师提督施世骠批准的住房申请文书。该档案采用军中用纸书写，存世量极少，十分珍贵。

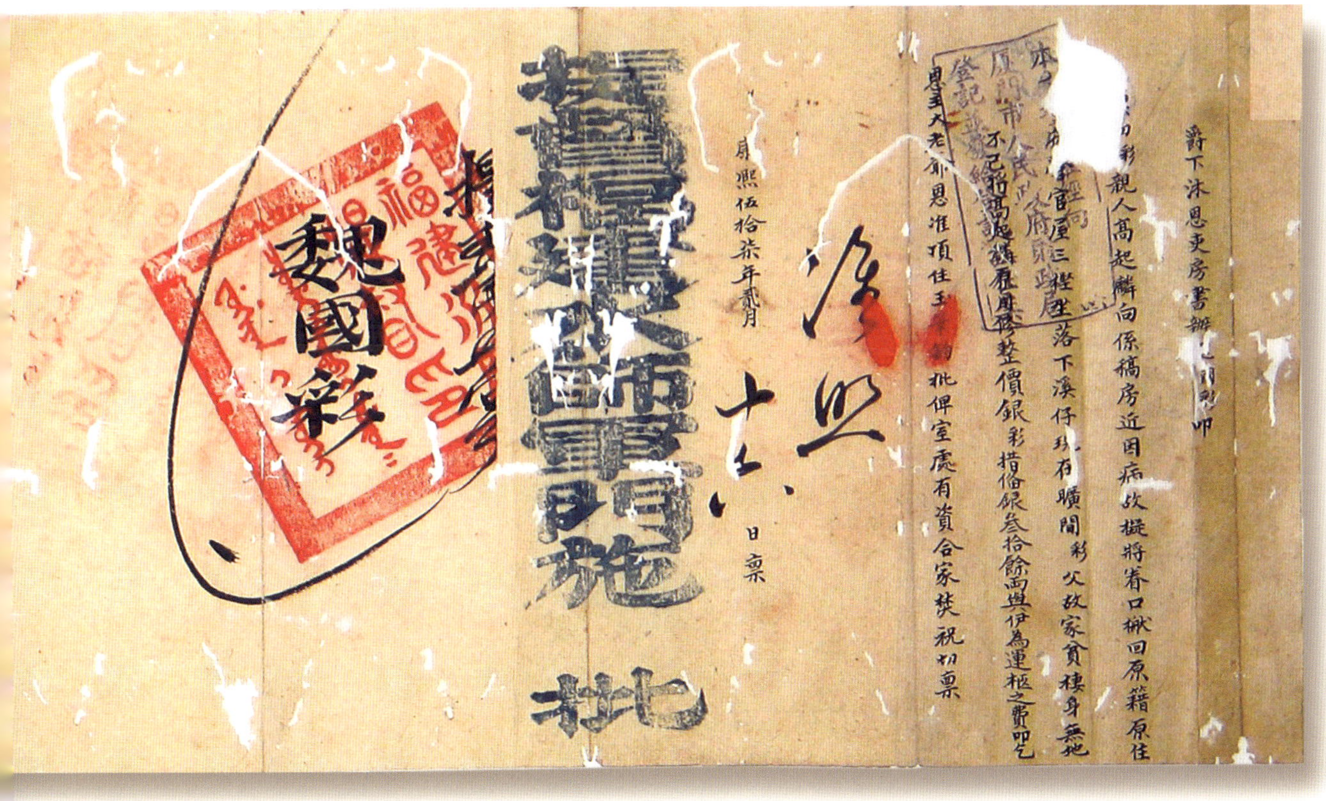

◎清康熙五十七年（1718年）福建水师提督施世骠批准的住房申请文书

档案文献名称	福建福安高平范氏重修族谱
档案文献形成年代	清嘉庆十八年（1813年）
档案文献数量	2册
档案文献保存者	福安市档案馆
地　　址	福建省福安市上杭路22号
邮　　编	355000

档案文献内容及评介

该文献详细记载了福建福安锅洋范氏一族400多年的历史变迁，其中的手绘地图反映了明清时期福安境内山川地理等历史信息，是福建范氏有文字记载以来最早的谱系史料。

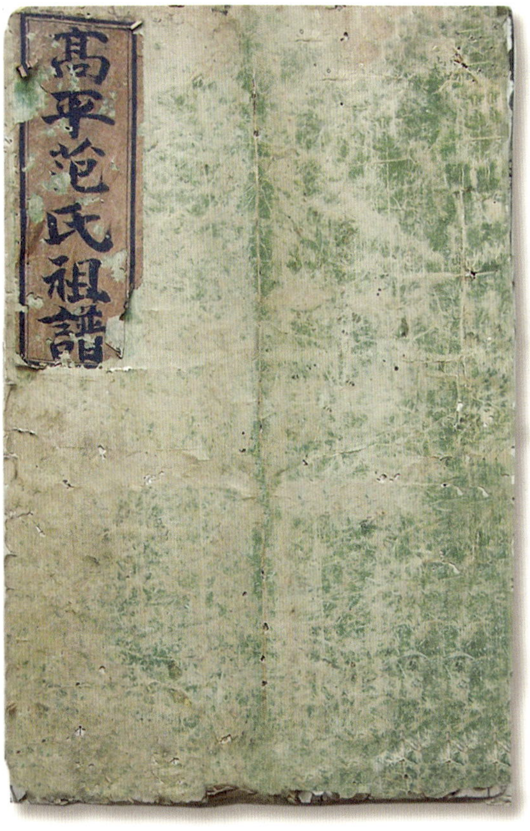

◎高平范氏族谱封面

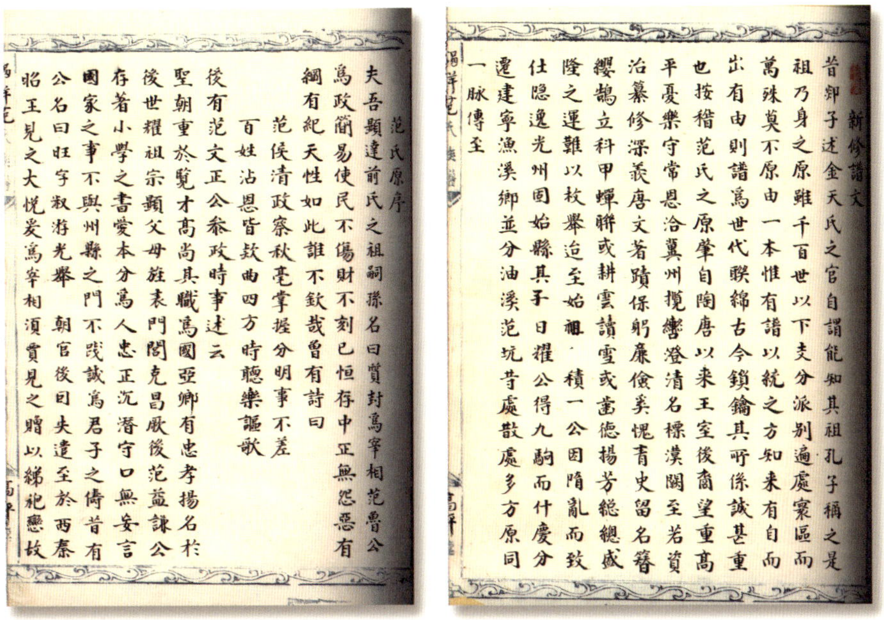
新修譜文
昔鄭子述金天氏之官自謂能知其祖孔子稱之是
祖乃身之原雖千百世以下支分派别適處寰區而
萬殊莫不原由一本惟有譜以統之方知来有自而
出有由則譜爲世代聯綿古今鎖鑰其所係誠甚重
也按稽范氏之原肇自陶唐以来王室後裔望重高
平夏樂守常恩洽冀州攬轡澄清名標漢闕至若資
治纂修深羨唐文著蹟保躬廉儉奚愧青史留名簪
纓鵠立科甲蟬聯或耕雲讀雪或蕃德揚芳總總盛
隆之運難以枚擧迨至始祖 積一公因隋亂而致
仕隱逸光州固始縣其子日擢公得九駒而什慶分
遷建寧漁溪鄉並分油溪范坑等處散處多方原同
一脉傳至

范氏原序
夫吾顯達前氏之祖嗣孫名曰貫封爲宰相范魯公
爲政簡易使民不傷財不刻已恒存中正無怨惡有
綱有紀天性如此誰不欽哉曾有詩曰
范侯清政察秋毫掌握分明事不差
百姓沾恩皆欵曲四方時聽樂謳歌
後有范文正公叅政時事述云
聖朝重於覽才高尚其職爲國亞卿有忠孝揚名於
後世耀祖宗顯父母旌表門閭克昌厥後范蓋諫公
存着小學之書愛本分爲人忠正沉潛守口無妄言
國家之事不與州縣之門不戕誠爲君子之儔昔有
公名曰旺字叔游光擧 朝官後曰夫遣至於西秦
昭王見之大悦爰爲宰相須貫見之贈以綈袍戀故

◎高平范氏族谱内页

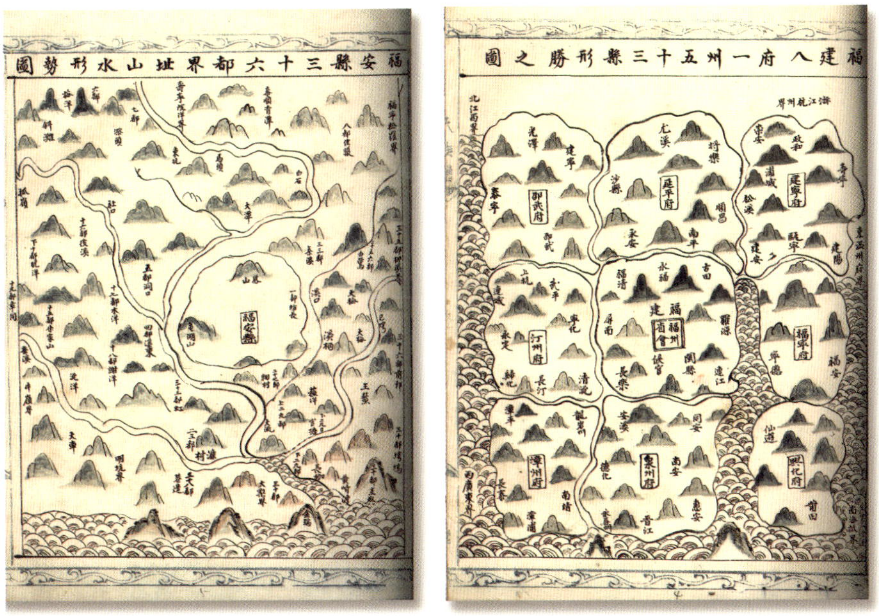

◎高平范氏族谱——手绘地图

档案文献名称	清道光二年地丁、税契银数交盘册
档案文献形成年代	清道光二年（1822年）
档案文献数量	2册
档案文献保存者	福建省档案馆
地　　址	福建省福州市大学城中心共享区明德路2号
邮　　编	350108

档案文献内容及评介

该档案由清道光二年（1822年）连城县知县卸任时编造的移送地丁银数交盘册和移送税契银数交盘册组成，记载了连城县自清嘉庆二十五年五月十一日（1820年6月21日）至清道光二年七月十五日（1822年8月31日）征收、开支地丁、契税等情况，侧面反映了清代的官吏制度和契税制度。

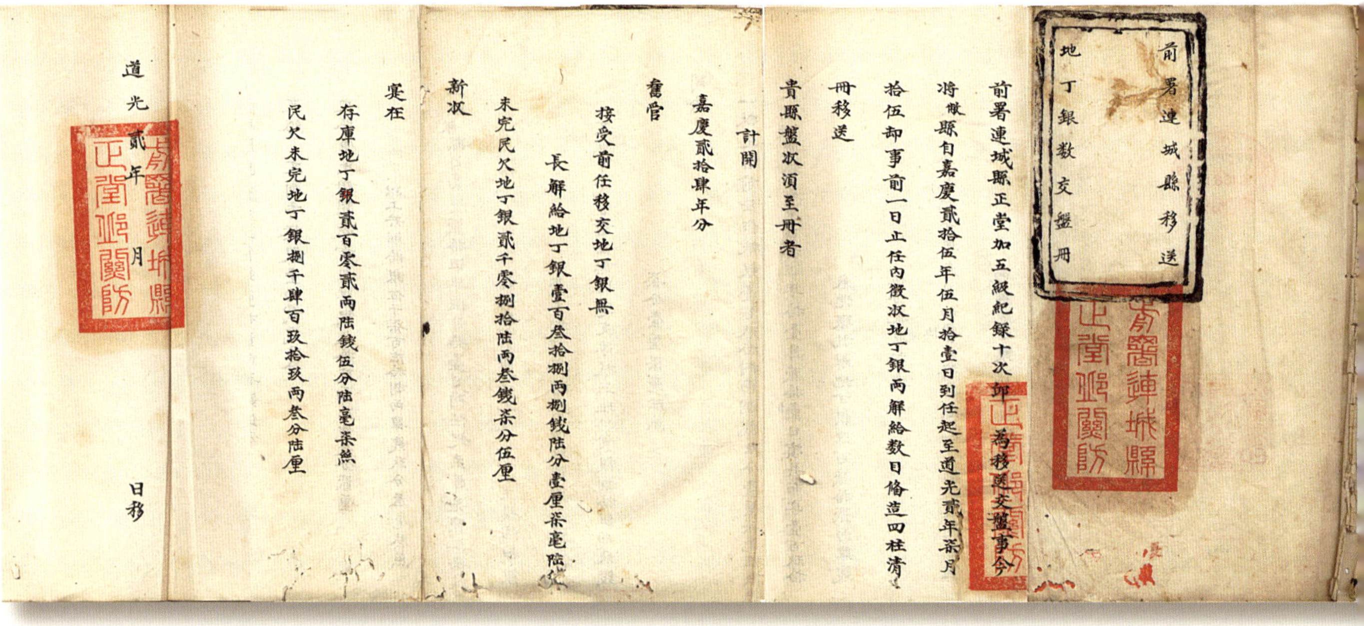

◎清道光二年（1822年）地丁银数交盘册

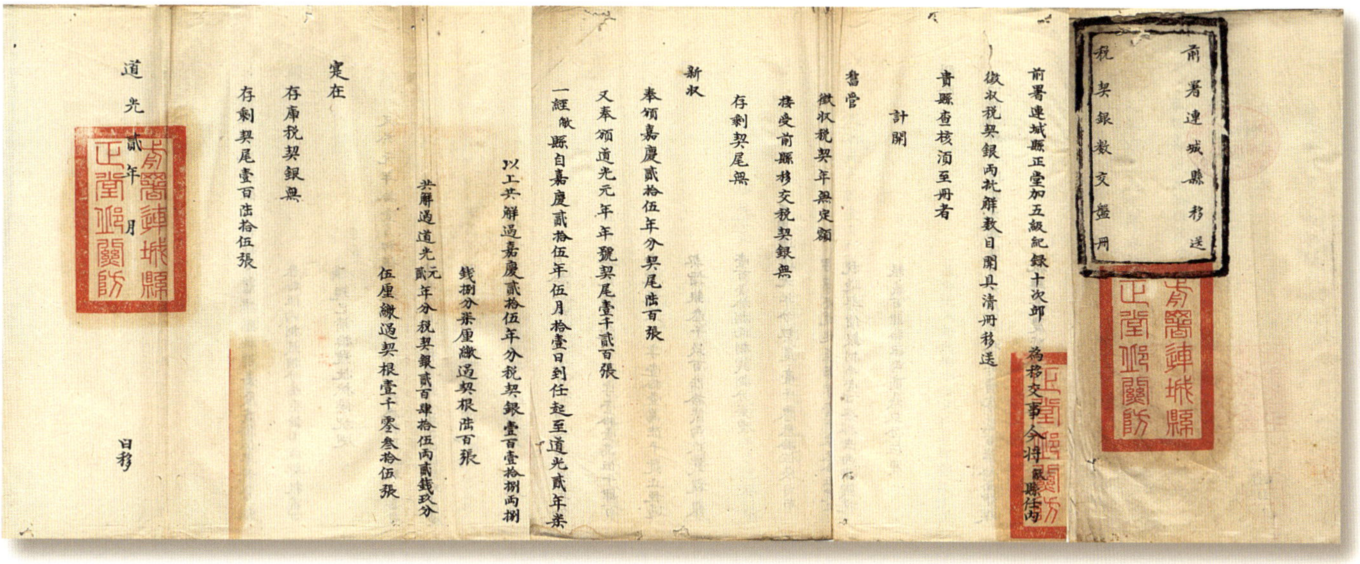
前署連城縣移送
税契銀数交盤册
前署連城縣正堂加五級紀録十次郎　為移交事今将敝縣任内
徵收税契銀兩批解數目開具清册移送
貴縣查核須至册者
計開
舊管
徵收税契年無定額
接受前縣移交税契銀無
存剩契尾無
新收
奉頒嘉慶貳拾伍年分契尾柒百張
又奉頒道光元年年號契尾壹千貳百張
一經敝縣自嘉慶貳拾伍年伍月拾壹日到任起至道光貳年柒
以上共解過嘉慶貳拾伍年分税契銀壹百壹拾捌兩捌
錢捌分柒厘徵過契根柒百張
共解過道光元貳年分税契銀貳百肆拾伍兩貳錢玖分
伍厘徵過契根壹千零叁拾伍張
實在
存庫税契銀無
存剩契尾壹百柒拾伍張
道光貳年　月　日移

◎清道光二年（1822年）税契银数交盘册

档案文献名称	清道光皇帝对郭金榜父母的敕命档案
档案文献形成年代	清道光十五年（1835年）
档案文献数量	1件
档案文献保存者	泉州市惠安县档案馆
地址	福建省泉州市惠安县螺城镇中山北街50号
邮编	362100

档案文献内容及评介

该档案系清道光十五年（1835年）道光皇帝颁发给议叙盐运司知事郭金榜父母郭用锡和骆氏的官方敕命文书。长165厘米，宽32厘米，为黄绢质地，用汉、满两种文字书写。首尾部均有双龙纹饰，双龙之间分别织有汉、满文写的“奉天敕命”字样。该档案保存较为完好，对研究当时的诰封制等具有重要价值。

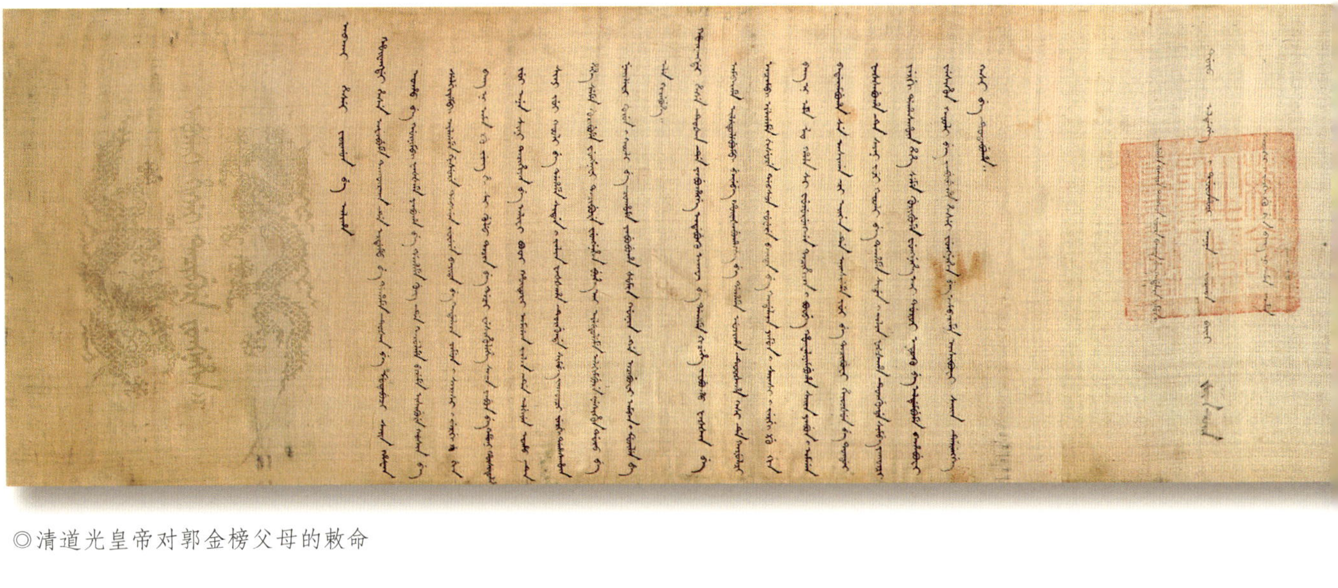

◎清道光皇帝对郭金榜父母的敕命

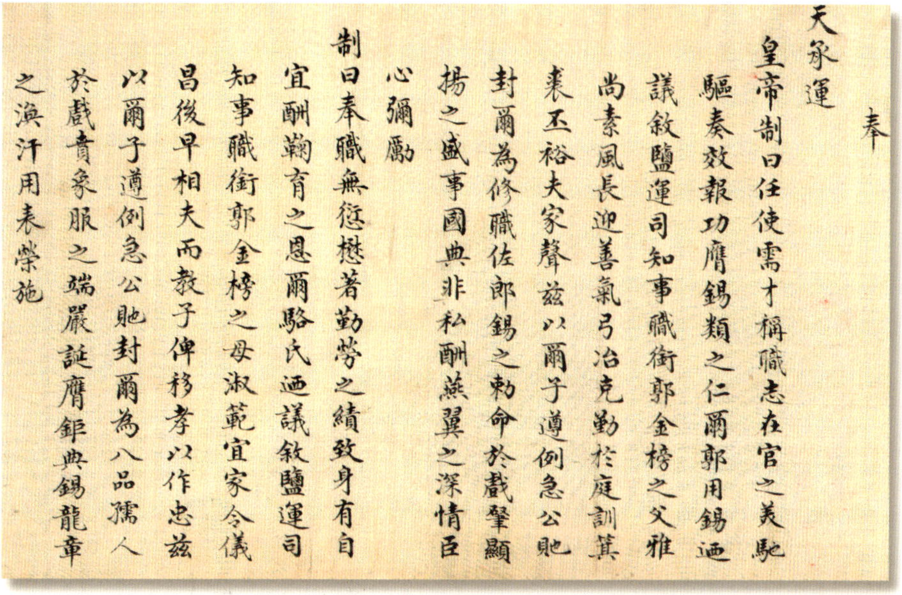

奉
天承運
皇帝制曰任使需才稱職志在官之美馳
驅奏效報功膺錫類之仁爾郭用錫迺
議敘鹽運司知事職銜郭金榜之父雅
尚素風長迎善氣弓冶克勤於庭訓箕
裘丕裕夫家聲茲以爾子遵例急公貤
封爾為修職佐郎錫之敕命於戲肇顯
揚之盛事國典非私酬燕翼之深情臣
心彌勵
制曰奉職無愆懋著勤勞之績致身有自
宜酬鞠育之恩爾駱氏迺議敘鹽運司
知事職銜郭金榜之母淑範宜家令儀
昌後早相夫而教子俾移孝以作忠茲
以爾子遵例急公貤封爾為八品孺人
於戲貴象服之端嚴誕膺鉅典錫龍章
之渙汗用表榮施

◎清道光皇帝对郭金榜父母的敕命（汉文部分）

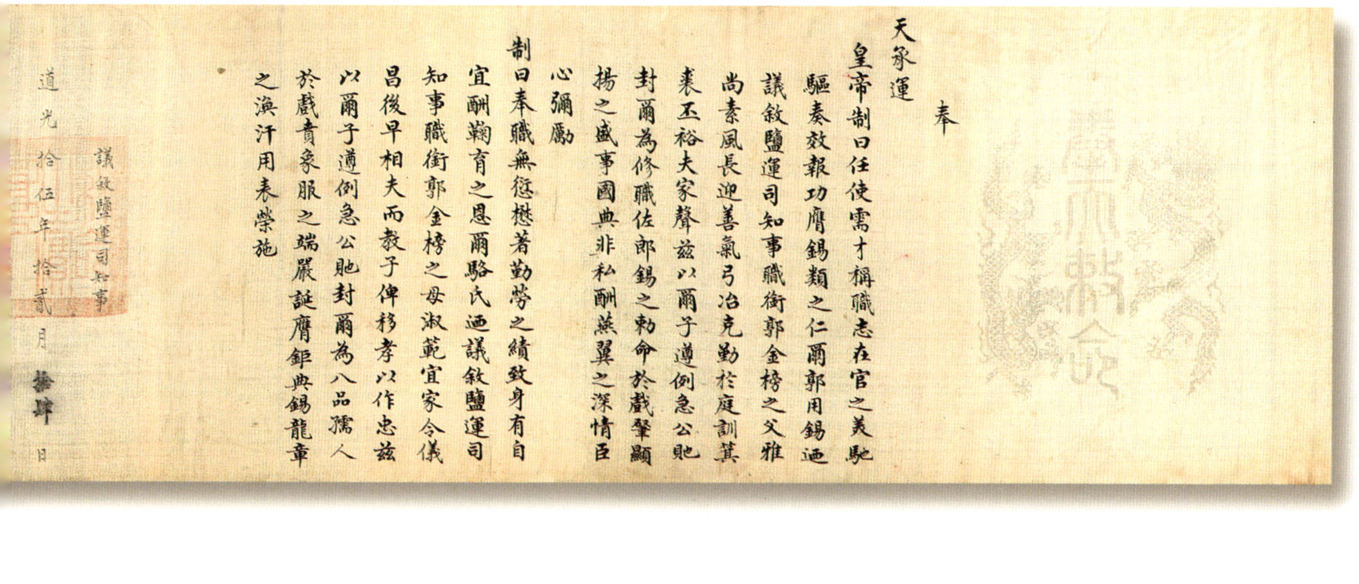

奉
天承運
皇帝制曰任使需才稱職志在官之美馳
驅奏效報功膺錫類之仁爾郭用錫迺
議敘鹽運司知事職銜郭金榜之父雅
尚素風長迎善氣弓冶克勤於庭訓箕
裘丕裕夫家聲茲以爾子遵例急公貤
封爾為修職佐郎錫之敕命於戲肇顯
揚之盛事國典非私酬燕翼之深情臣
心彌勵
制曰奉職無愆懋著勤勞之績致身有自
宜酬鞠育之恩爾駱氏迺議敘鹽運司
知事職銜郭金榜之母淑範宜家令儀
昌後早相夫而教子俾移孝以作忠茲
以爾子遵例急公貤封爾為八品孺人
於戲貴象服之端嚴誕膺鉅典錫龍章
之渙汗用表榮施
議敘鹽運司知事
道光拾伍年拾貳月拾肆日

档案文献名称	清咸丰、同治、光绪年间阵亡员弁奉议恤典清册
档案文献形成年代	清咸丰元年至清光绪三十四年（1851年–1908年）
档案文献数量	7册
档案文献保存者	福建省档案馆
地址	福建省福州市大学城中心共享区明德路2号
邮编	350108

档案文献内容及评介

该档案由清咸丰、同治、光绪各朝福建地方官员奏请皇帝抚恤地方的奏文汇集而成，内容包括清咸丰、同治、光绪年间闽台关系，太平军在福建活动，中法马江之战，在马尾和台北建立昭忠祠，以及福建船政创始人之一左宗棠的生平功绩和去世前病况等，从一个侧面反映了近代福建政治、军事、社会情况，是研究晚清福建地方历史的重要史料。

◎清咸丰、同治、光绪年间阵亡员弁奉议恤典清册

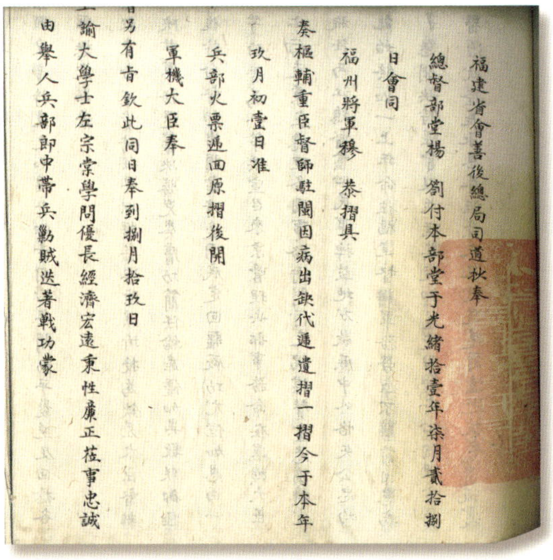

◎涉及左宗棠病情的呈报

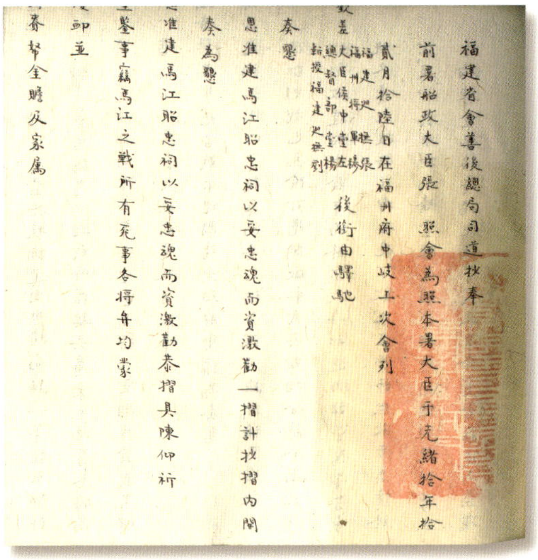

◎有关建立马江昭忠祠的呈报

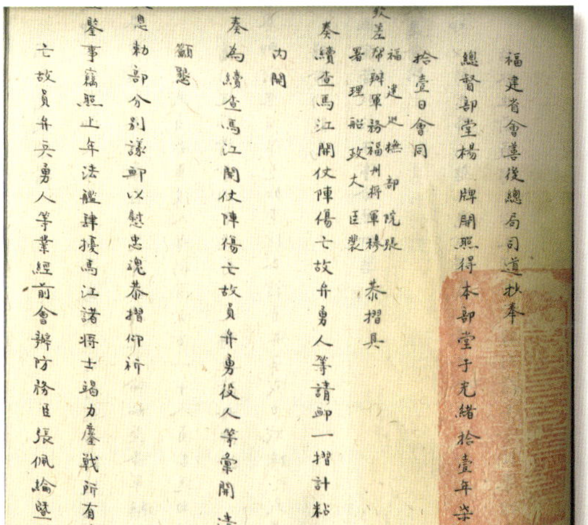

◎有关马江海战伤亡情况的记录

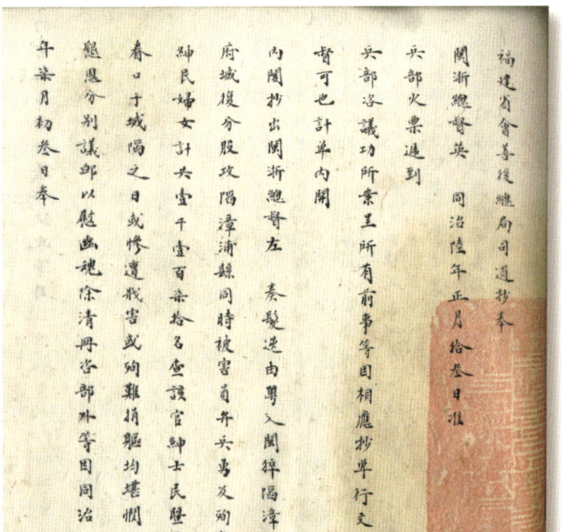

◎有关太平军进攻福建的报告

档案文献名称	清咸丰年间华工契约
档案文献形成年代	清咸丰二年至三年（1852年–1853年）
档案文献数量	1件
档案文献保存者	泉州市档案馆
地址	福建省泉州市鲤城区庄府巷24号内10号楼
邮编	362000

档案文献内容及评介

该档案是福建籍中国公民同西班牙驻厦门副领事馆签订的劳动协议，正面为西班牙文，反面为中文。协议内容涉及立约人的权利与义务等内容，是清朝咸丰年间福建人到古巴当“契约华工”的历史凭证，存世量极少，十分珍贵。

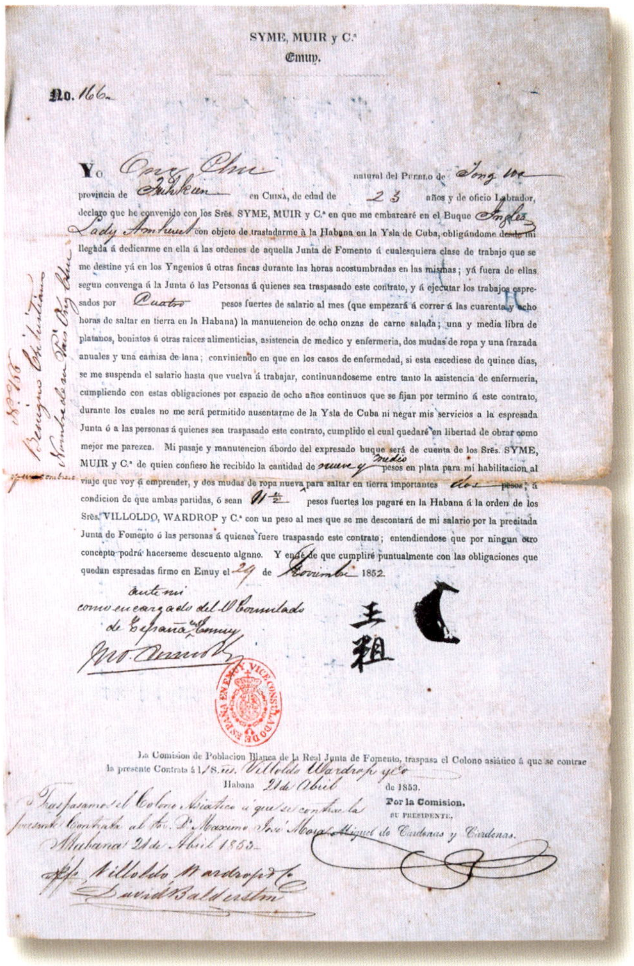

SYME, MUIR y C.ª
Emuy.

No. 166

Yo Ong Chue natural del Pueblo de Tong Ue provincia de Fuhkien en China, de edad de 23 años y de oficio Labrador, declaro que he convenido con los Srês. SYME, MUIR y C.ª en que me embarcaré en el Buque Ingles Lady Amherst con objeto de trasladarme à la Habana en la Ysla de Cuba, obligándome desde mi llegada á dedicarme en ella á las ordenes de aquella Junta de Fomento á cualesquiera clase de trabajo que se me destine yá en los Yngenios ú otras fincas durante las horas acostumbradas en las mismas; yá fuera de ellas segun convenga á la Junta ó las Personas á quienes sea traspasado este contrato, y á ejecutar los trabajos espresados por Cuatro pesos fuertes de salario al mes (que empezará á correr á las cuarenta y ocho horas de saltar en tierra en la Habana) la manutencion de ocho onzas de carne salada; una y media libra de platanos, boniatos ú otras raices alimenticias, asistencia de medico y enfermeria, dos mudas de ropa y una frazada anuales y una camisa de lana; conviniendo en que en los casos de enfermedad, si esta escediese de quince dias, se me suspenda el salario hasta que vuelva á trabajar, continuandoseme entre tanto la asistencia de enfermeria, cumpliendo con estas obligaciones por espacio de ocho años continuos que se fijan por termino á este contrato, durante los cuales no me será permitido ausentarme de la Ysla de Cuba ni negar mis servicios a la espresada Junta ó a las personas á quienes sea traspasado este contrato, cumplido el cual quedaré en libertad de obrar como mejor me parezca. Mi pasaje y manutencion ábordo del expresado buque será de cuenta de los Srês. SYME, MUIR y C.ª de quien confieso he recibido la cantidad de nueve y medio pesos en plata para mi habilitacion al viaje que voy á emprender, y dos mudas de ropa nueva para saltar en tierra importantes dos pesos; á condicion de que ambas partidas, ó sean 11½ pesos fuertes los pagaré en la Habana á la orden de los Srês. VILLOLDO, WARDROP y C.ª con un peso al mes que se me descontará de mi salario por la precitada Junta de Fomento ó las personas á quienes fuere traspasado este contrato; entendiendose que por ningun otro concepto podrá hacerseme descuento alguno. Y en fé de que cumpliré puntualmente con las obligaciones que quedan espresadas firmo en Emuy el 29 de Noviembre 1852.

ante mi
como encargado del V. Consulado
de España en Emuy

王粗

La Comision de Poblacion Blanca de la Real Junta de Fomento, traspasa el Colono asiático á que se contrae la presente Contrata á l/S.res Villoldo Wardrop y C.o
Habana 21 de Abril de 1853.
Por la Comision.
SU PRESIDENTE,
Miguel de Cardenas y Cardenas.

Traspasamos el Colono Asiatico á que se contrae la presente Contrata al S.r D.n Maximo José Mora
Habana 21 de Abril 1853.
Villoldo Wardrop y C.o
David Balderston

◎清咸丰年间华工契约（正面）

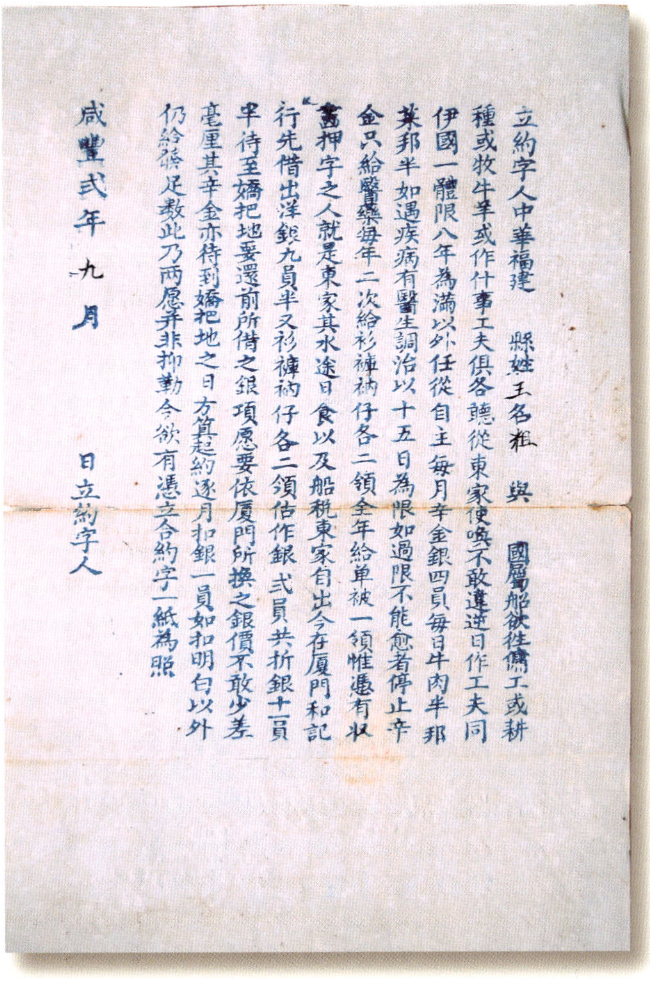
立約字人中華福建　縣姓王名粗　與　國屬船欲往傭工或耕
種或牧牛羊或作什事工夫俱各聽從東家使喚不敢違逆日作工夫同
伊國一體限八年為滿以外任從自主每月辛金銀四員每日牛肉半邦
菜邦半如遇疾病有醫生調治以十五日為限如過限不能愈者停止辛
金只給醫藥每年二次給衫褲衲仔各二領全年給单被一領惟憑有収
畫押字之人就是東家其水途日食以及船稅東家自出今在厦門和記
行先借出洋銀九員半又衫褲衲仔各二領估作銀弍員共折銀十一員
半待至嬌把地要還前所借之銀項愿要依厦門所换之銀價不敢少差
毫厘其辛金亦待到嬌把地之日方算起約逐月扣銀一員如扣明白以外
仍給發足數此乃兩愿并非抑勒今欲有憑立合約字一紙為照
咸豐弍年　九　月　　　日立約字人

◎清咸丰年间华工契约（背面）

档案文献名称	莆田六中历史契约
档案文献形成年代	清咸丰五年（1855年）–1963年
档案文献数量	51件
档案文献保存者	莆田市涵江区档案馆
地　　址	福建省莆田市涵江区国欢东路住建局大院
邮　　编	351111

档案文献内容及评介

该档案由形成于清咸丰、民国、新中国成立后三个不同历史时期的土地房屋买卖契约组成，时间跨度100多年，较为系统地反映了莆田六中建校后校园规模的发展变化，是研究土地房产买卖契约的珍贵史料。

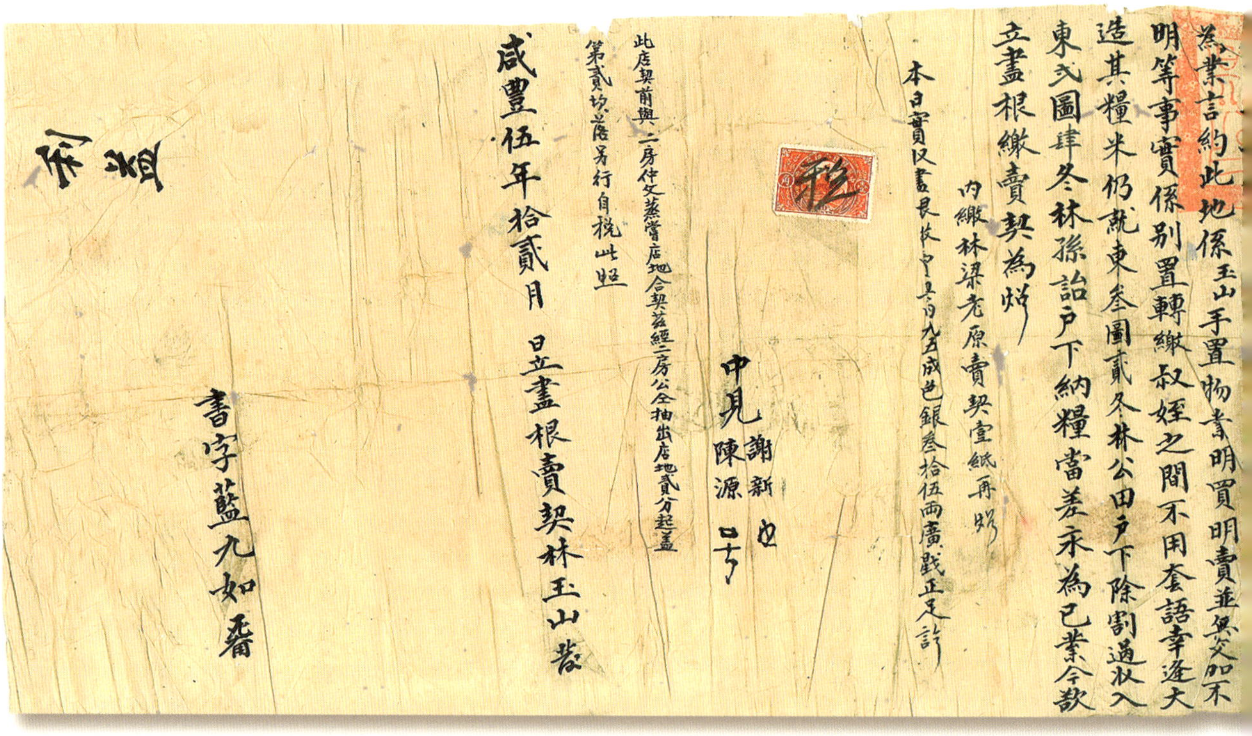
為業言約此地係玉山手置物業明買明賣並無交加不
明等事實係別置轉繳叔姪之間不用套語幸逢大
造其糧米仍就東叁圖貳冬林公田戶下除割過收入
東弍圖肆冬林孫詒戶下納糧當差永為己業今欲
立盡根繳賣契為照
內繳林梁光原賣契壹紙再照
本日實收盡根契內銀叁拾伍兩廣戥正足訖
中見 謝新 陳源
此厝契前與二房仲文蒸嘗厝地合契茲經二房公仝抽出厝地貳分起蓋
第貳坊茲厝另行自找此照
咸豐伍年拾貳月 日立盡根賣契林玉山
書字 藍九如

◎清咸丰五年（1855年）土地断卖契

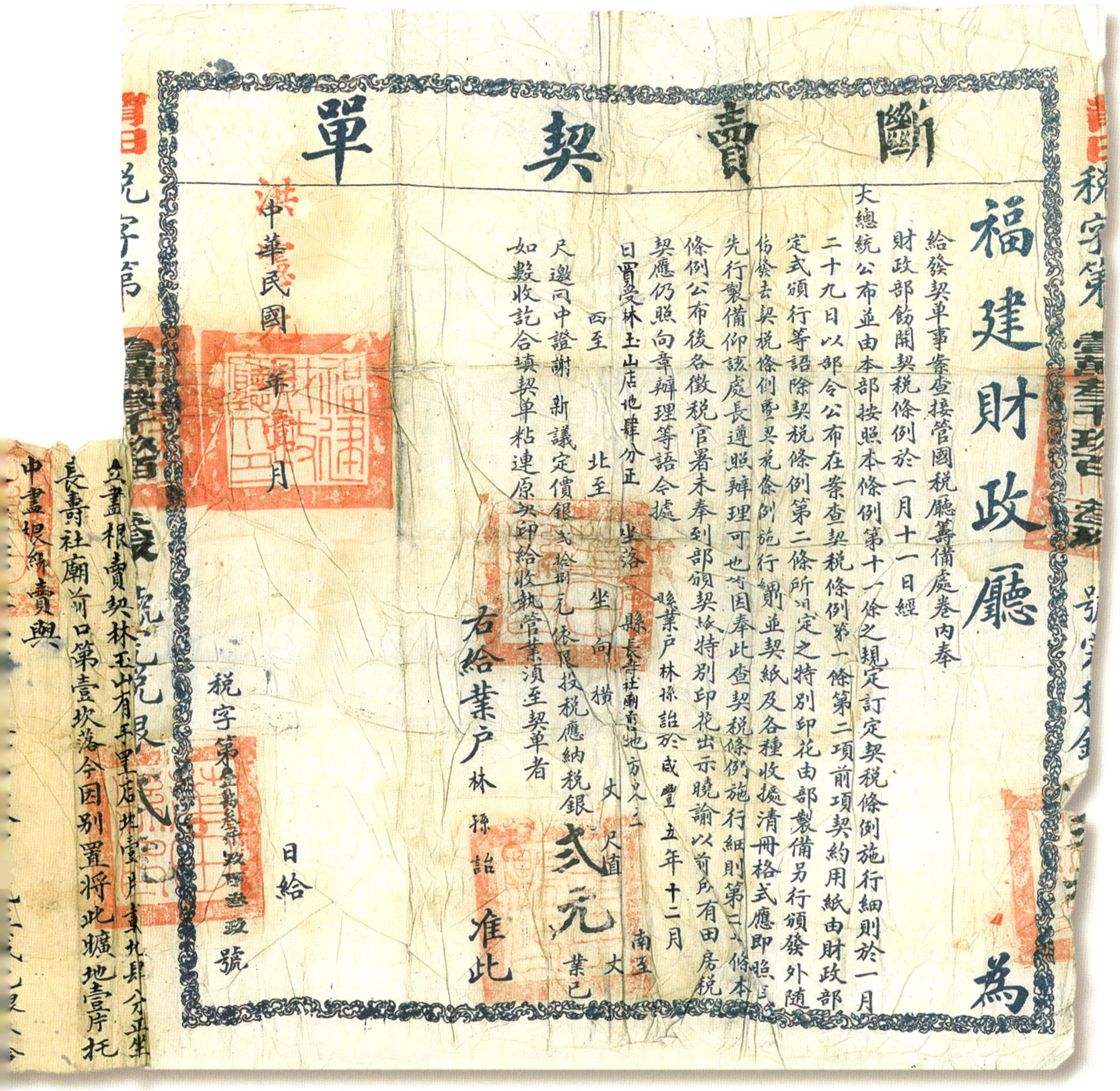
斷賣契單

福建財政廳 為

給發契單事案查接管國稅廳籌備處卷內奉
財政部飭開契稅條例於一月十一日經
大總統公布並由本部按照本條例第十一條之規定訂定契稅條例施行細則於一月
二十九日以部令公布在案查契稅條例第一條第二項前項契約用紙由財政部
定式頒行等語除契稅條例第二條所定之特別印花由部製備另行頒發外隨
仰發去契稅條例暨契稅條例施行細則並契紙及各種收據清冊格式應即照式
先行製備仰該處長遵照辦理可也等因奉此查契稅條例施行細則第二十條本
條例公布後各徵稅官署未奉到部頒契紙特別印花出示曉諭以前所有田房稅
契應仍照向章辦理等語合據
縣業戶林孫詒於咸豐五年十二月
日買受林玉山店地肆分正 坐落 縣長壽社廟前地方又二丈 尺直 南至 丈
西至 北至 坐 向 横 丈 業已
尺邀同中證謝 新議定價銀式拾捌元依限投稅應納稅銀式元
如數收訖合填契單粘連原契印給收執管業須至契單者
右給業戶林孫詒 准此

中華民國 年 月 日給

稅字第 號

◎1916年土地断卖契单

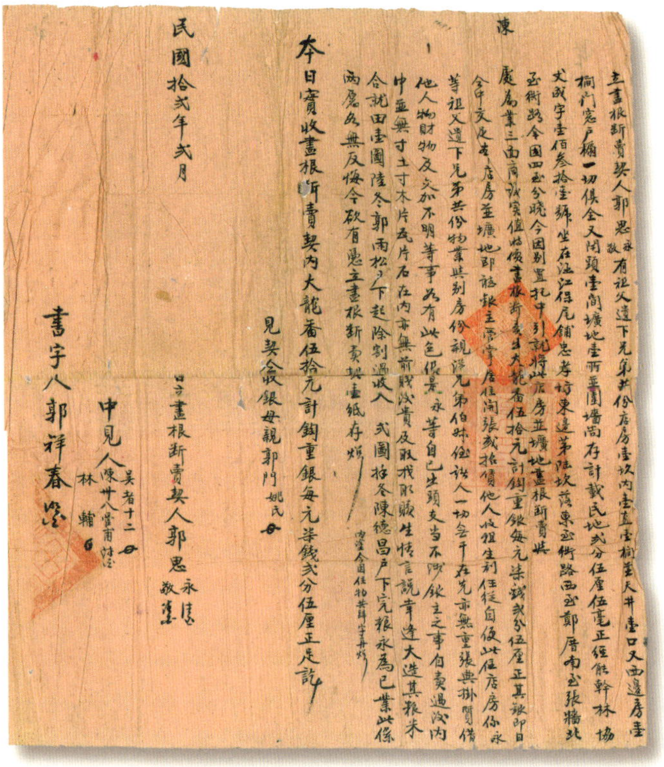

◎1923年房屋断卖契

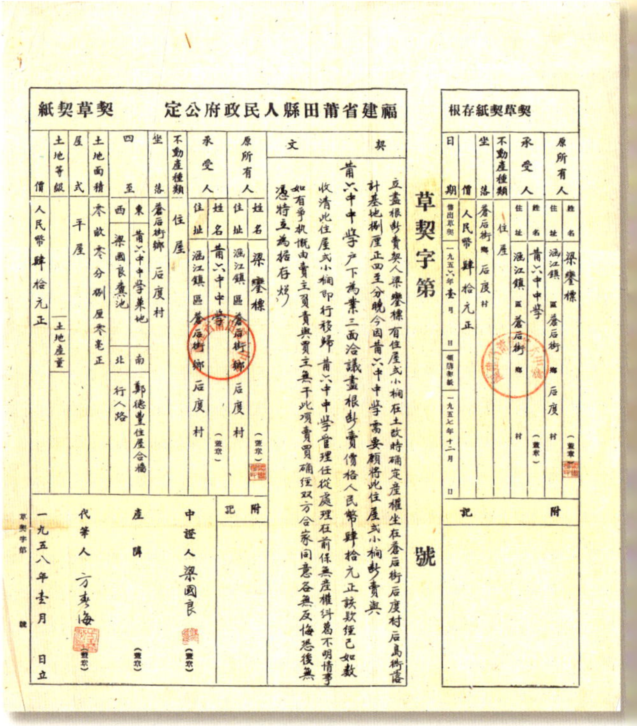
福建省莆田縣人民政府公定契草契紙

契草契紙存根

草契字第　號

◎1958年房屋断卖契

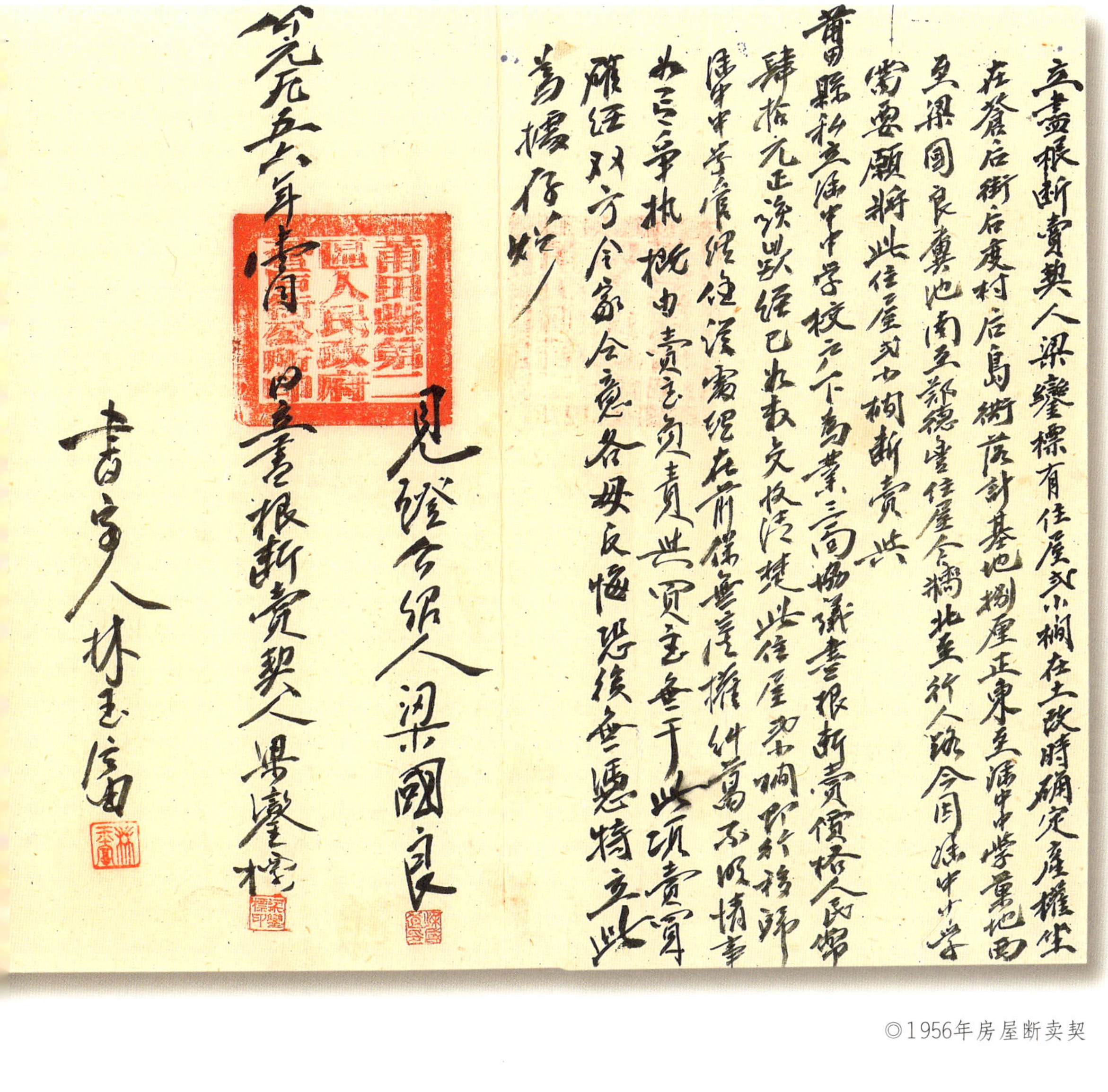
立盡根斷賣契人梁鑾標有住屋弍小榻在土改時確定產權坐
在蒼后街后度村后島衛莊針基地搭屋正東至涵中中學菓地西
至梁國良糞池南至鄭德皇住屋合牆北至行人路今因涵中中學
需要願將此住屋弍小榻斷賣與
莆田縣私立涵中中學校之下為業三面協議盡根斷賣價格人民幣
肆拾元正淡此款經已如數交收清楚此住屋弍小榻即於移歸
涵中中學管理使用當經在前保無產權糾葛不收情事
如有等情概由賣主負責與買主無干此項賣買
確經双方合家合意各無反悔恐後無憑特立此
為據存炤

見證介紹人梁國良
公元一九五六年壹月　日立盡根斷賣契人梁鑾標
書字人林志宗

◎1956年房屋断卖契

档案文献名称 福州百年老照片

档案文献形成年代 清咸丰十年至清光绪六年（1860年–1880年）

档案文献数量 48张

档案文献保存者 福州市档案馆

地　　址 福建省福州市仓山区闽江大道235号

邮　　编 350008

档案文献内容及评介

这组照片是美国学者西奥多·琼斯先生于1986年赠送给福州市档案馆的，由其祖父特德·法朗西斯·琼斯先生于1860年至1880年间拍摄的福州风貌照片，反映了当时福州的城市风貌、名胜古迹、田野风光、寺庙教堂以及外国人在福州设立的领事机构等建筑物。该档案图片清晰，取景考究，与同时期约翰·汤姆逊拍摄的福州与闽江的照片相互补充，对研究晚清福州的城市建筑、历史文化、人文民俗等具有重要的参考价值。

◎福州乌塔、白塔及南门一带景致

◎福州北门屏山镇海楼

◎福州金山寺

◎福州马尾罗星塔

档案文献名称	清同治八年版李世熊著《宁化县志》
档案文献形成年代	清同治八年（1869年）
档案文献数量	7卷
档案文献保存者	三明市宁化县档案馆
地　　址	福建省三明市宁化县翠江镇中山路1号
邮　　编	365400

档案文献内容及评介

《宁化县志》系明末清初著名史学家李世熊（字元仲）于清康熙甲子年（1684年）所著。该文献为清同治八年（1869年）重刊，属线装古籍，为现存的最早版本。文献分土地、人民、政事三部，共七卷五十二目，详尽记载了宁化境内自然与社会历史状况，被誉为中国古代著名的“两部半”史志之一，享有“天下名志”之称，对研究地方志具有重要的价值。

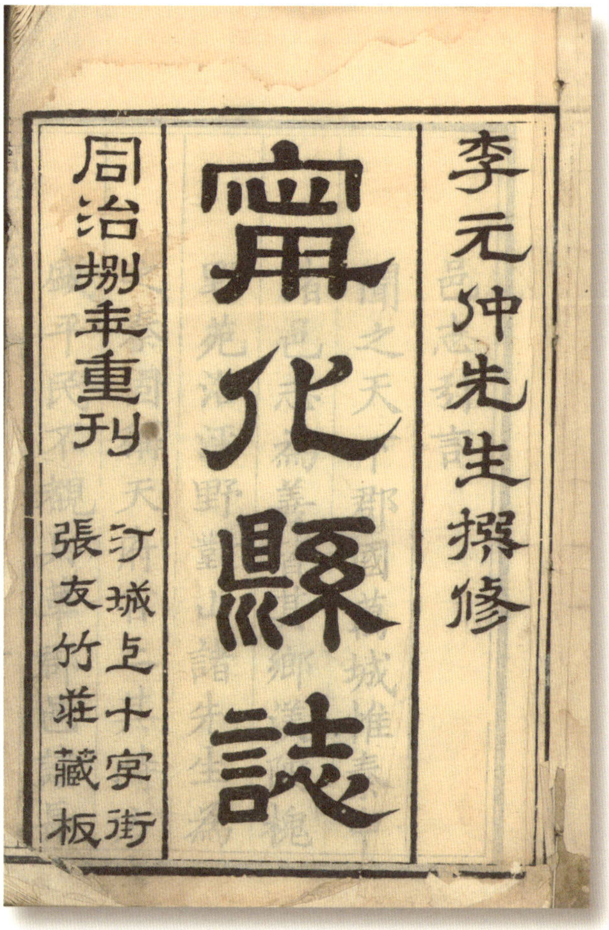

◎清同治八年（1869年）《宁化县志》

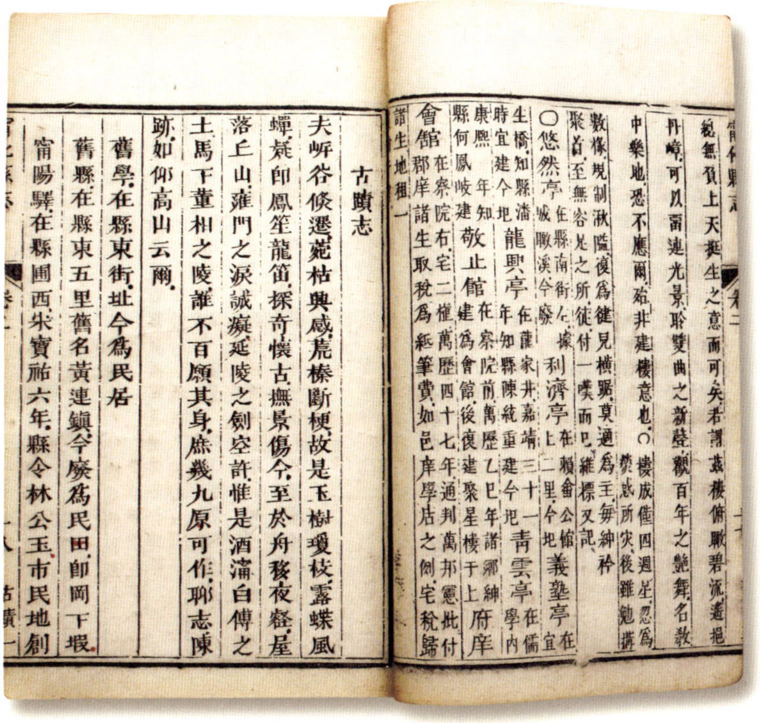

寧化縣志 卷二 十七

絕無負上天挺生之意而可矣若謂茲樓俯瞰碧流遙挹丹嶂可以留連光景聆雙曲之新聲觀百年之艷舞名教中樂地恐不應爾茲井建樓意也○樓成僅四週垣忽爲熒惑所災後雖勉搆數椽規制湫隘復爲健兒橫踞莫適爲主每紳衿聚首至無容足之所徒付一嘆而已 維標又記

○悠然亭 在縣南街左據城瞰溪今廢　利濟亭 在賴會公館上二里今圯　義塾亭 在宜生橋知縣潘時宜建今圯　龍興亭 在蘿家井嘉靖三十一年知縣陳純重建今圯　青雲亭 在儒學內康熙　年知縣何鳳岐建　敬止館 在察院前萬歷乙巳年諸紳建爲會館後復建聚星樓于上　府庠會館 在察院右宅二椽萬歷四十七年通判萬邦憲批付郡庠諸生取稅爲紙筆費如邑庠學店之例宅稅歸諸生地租一

古蹟志

夫峅谷倏遷菀枯興感荒榛斷梗故是玉樹瓊枝露蝶風蟬凝卯鳳笙龍笛探奇懷古撫景傷今至於舟移夜壑星落丘山雍門之淚誠凝延陵之劍空許惟是酒濡白傳之土馬下董相之陵誰不百願其身庶幾九原可作聊志陳跡如仰高山云爾

舊學 在縣東街址今爲民居

舊縣 在縣東五里舊名黃連鎮今廢爲民田即岡下堠

甯陽驛 在縣圜西宋寶祐六年縣令林公玉市民地創

寧化縣志 卷二 十八 古蹟一

◎清同治八年（1869年）《宁化县志》内页

◎清同治八年（1869年）《宁化县志》内页

档案文献名称	清光绪二十七年劝办新海防捐输捐官名册
档案文献形成年代	清光绪二十七年（1901年）
档案文献数量	1册
档案文献保存者	福建省档案馆
地　　址	福建省福州市大学城中心共享区明德路2号
邮　　编	350108

档案文献内容及评介

该档案系福建防赈捐输总局请准截留闽省劝办新海防捐银作为本省兴办海防用银呈文的文献汇编，详细辑录闽省各捐员捐生请奖武职官阶情况，记载了捐官人的姓名、三代年籍、履历等内容，文献记录完整，具有重要的研究价值。

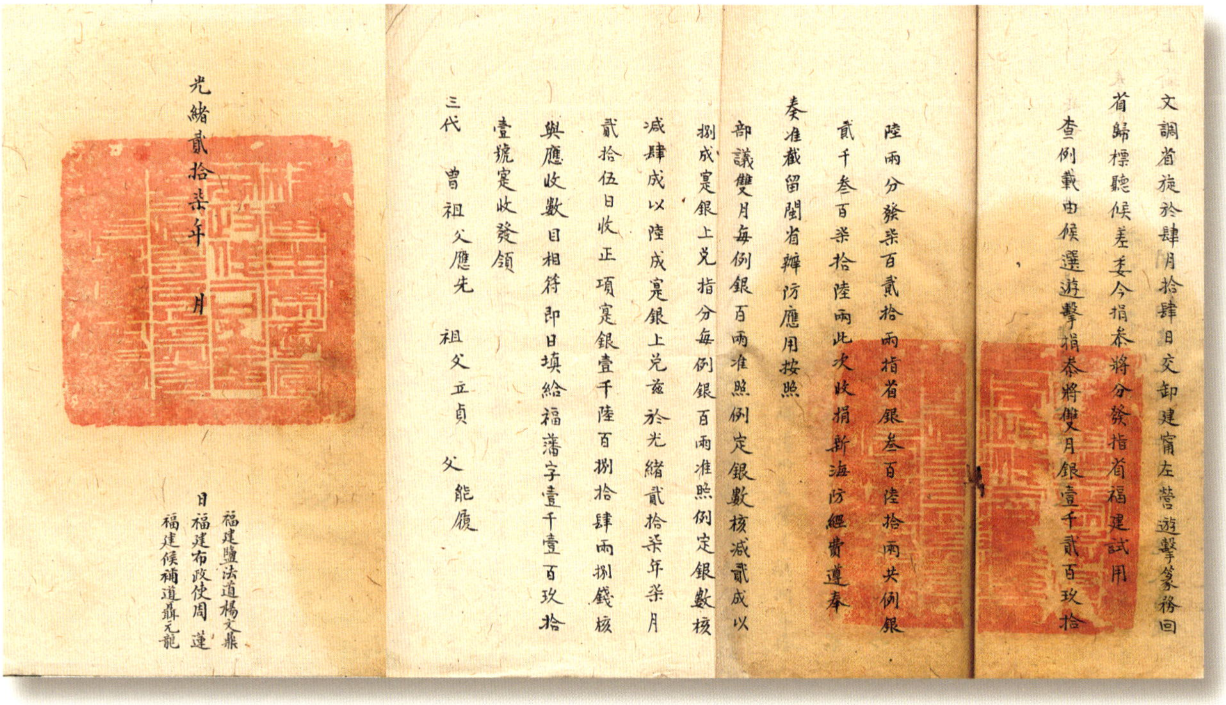
文調省旋於肆月拾肆日交卸建甯左營遊擊篆務回
省歸標聽候差委今捐叅將分發指省福建試用
查例載由候選遊擊捐叅將雙月銀壹千貳百玖拾
陸兩分發柒百貳拾兩指省銀叁百陸拾兩共例銀
貳千叁百柒拾陸兩此次收捐新海防經費遵
奏准截留閩省辦防應用按照
部議雙月每例銀百兩准照例定銀數核減貳成以
捌成寔銀上兑指分每例銀百兩准照例定銀數核
減肆成以陸成寔銀上兑茲於光緒貳拾柒年柒月
貳拾伍日收正項寔銀壹千陸百捌拾肆兩捌錢核
與應收數目相符即日填給福藩字壹千壹百玖拾
壹號寔收發領
三代 曾祖父應先 祖父立貞 父能履
光緒貳拾柒年 月 日
福建鹽法道楊文鼎
福建布政使周蓮
福建候補道蘇元龍

◎记载曾氏捐官的档案

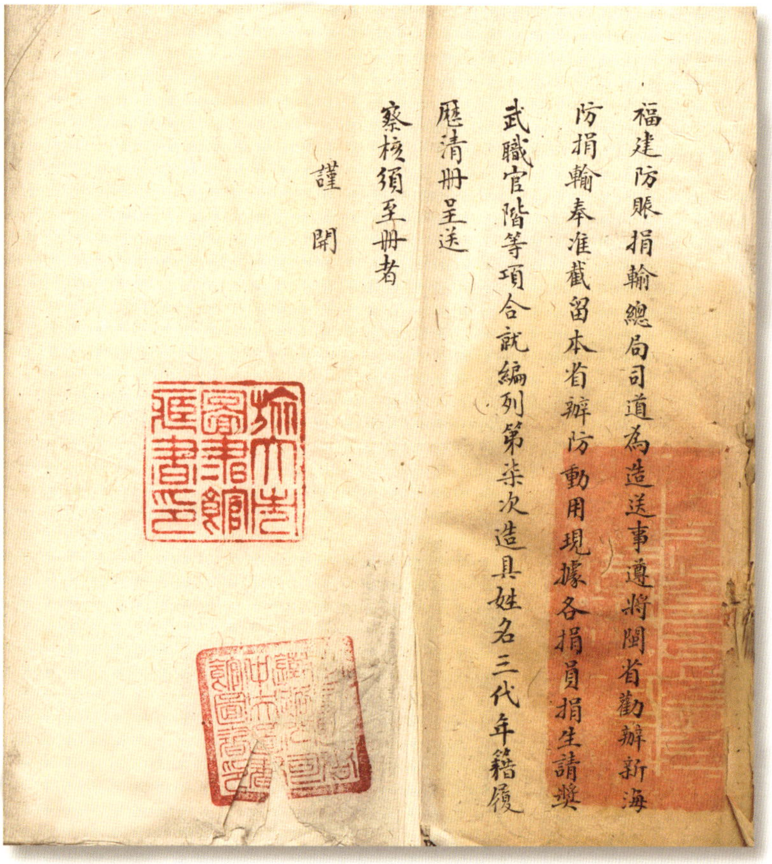
福建防賑捐輸總局司道為造送事遵將閩省勸辦新海
防捐輸奉准截留本省辦防動用現據各捐員捐生請獎
武職官階等項合就編列第柒次造具姓名三代年籍履
歷清冊呈送
察核須至冊者
謹 開

◎劝办新海防捐输捐官名册

档案文献名称	清光绪皇帝对邱赞春之本生父母的诰封
档案文献形成年代	清光绪二十八年（1902年）
档案文献数量	1件
档案文献保存者	龙岩市上杭县档案馆
地　　　址	福建省龙岩市上杭县龙翔大道3号
邮　　　编	364200

档案文献内容及评介

该档案系清光绪二十八年（1902年）光绪皇帝颁给州同衔邱赞春之本生父邱佳祥、本生母钟氏的官方诰命赐封文书。以单色织锦为载体，用满、汉两种文字书写。该档案保存较为完好，对研究当时的诰封制等具有重要价值。

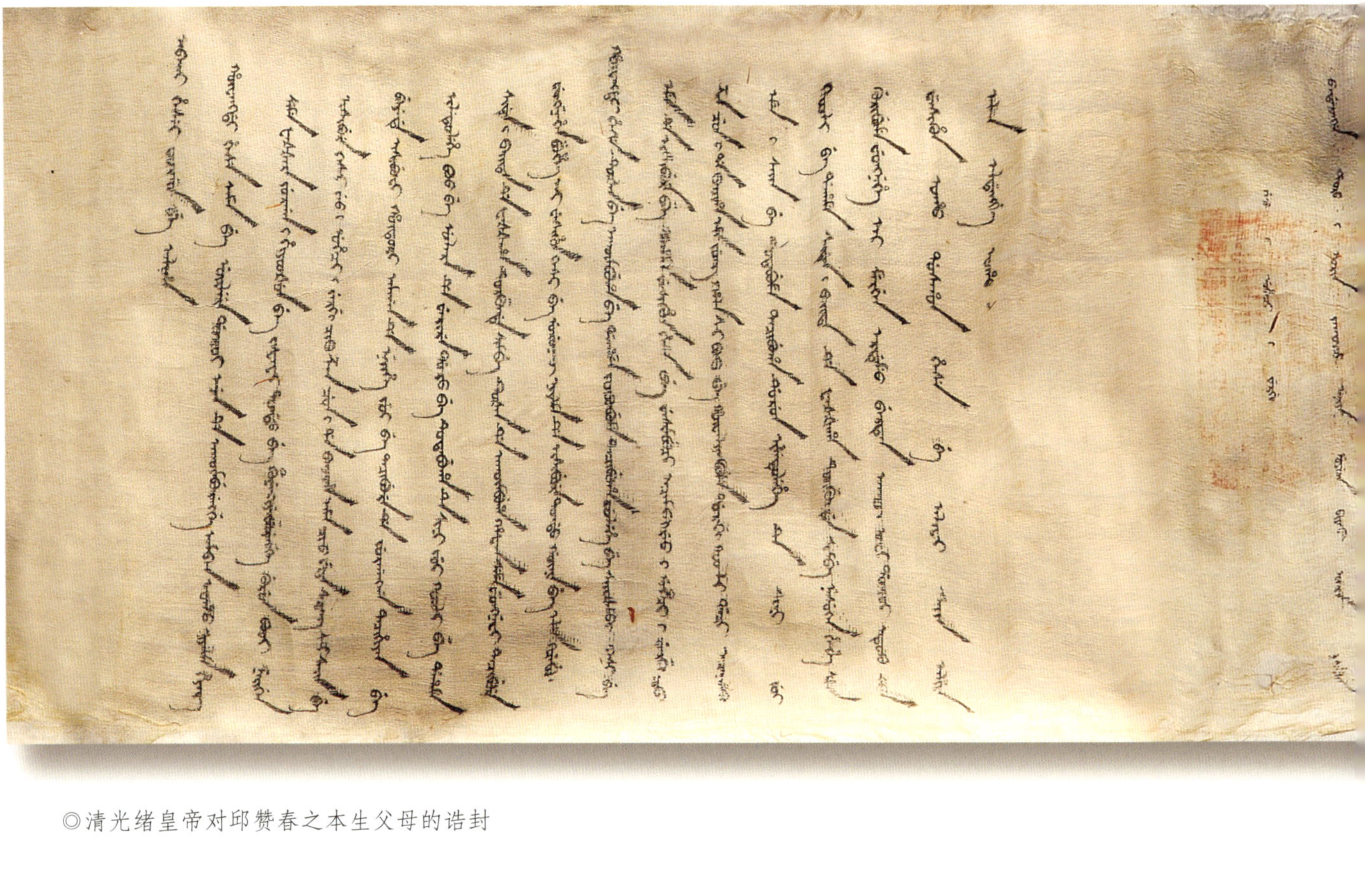

◎清光绪皇帝对邱赞春之本生父母的诰封

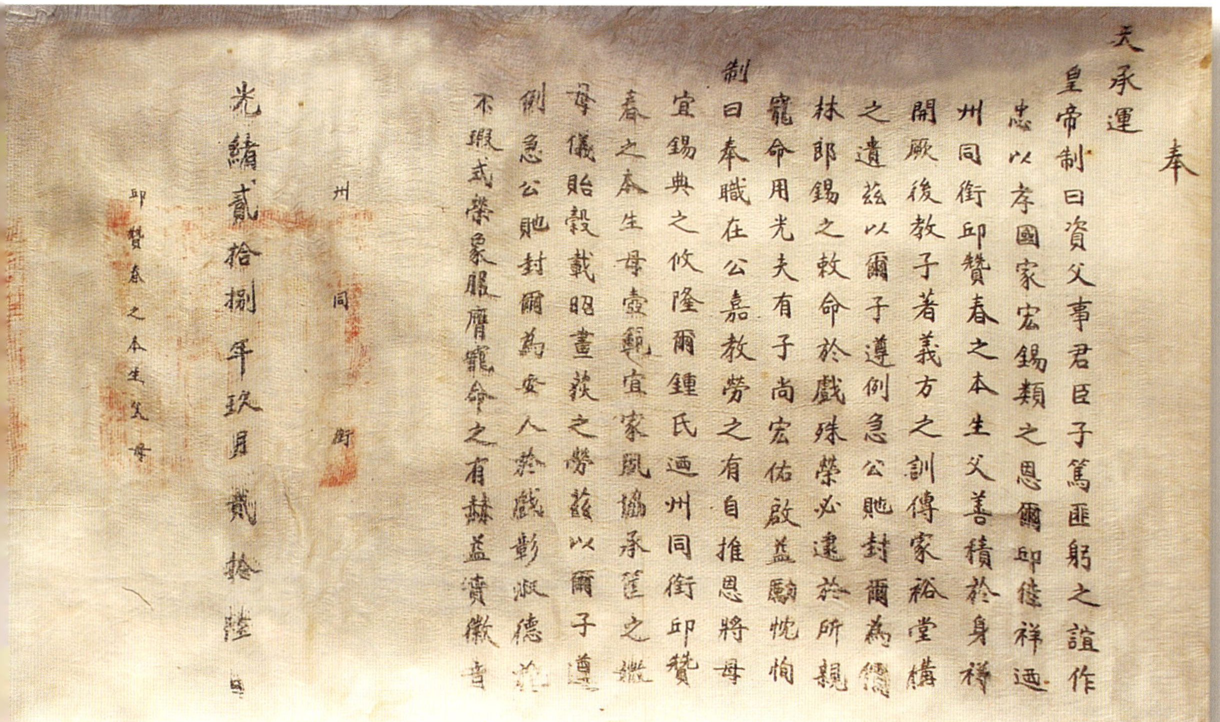
奉
天承運
皇帝制曰資父事君臣子篤匪躬之誼作
忠以孝國家宏錫類之恩爾邱德祥廼
州同銜邱贊春之本生父善積於身祥
開厥後教子著義方之訓傳家裕堂構
之遺茲以爾子遵例急公貤封爾為儒
林郎錫之敕命於戲殊榮必逮於所親
寵命用光夫有子尚宏佑啟益勵忱恂
制曰奉職在公嘉教勞之有自推恩將母
宜錫典之攸隆爾鍾氏廼州同銜邱贊
春之本生母壺範宜家夙協承筐之懿
母儀貽穀載昭畫荻之勞茲以爾子遵
例急公貤封爾為安人於戲彰淑德於
不瑕式榮象服膺寵命之有赫益讚徽音
光緒貳拾捌年玖月貳拾陸日
州同銜
邱贊春之本生父母

档案文献名称	厦门会审公堂档案
档案文献形成年代	清光绪二十九年（1903年）–1945年
档案文献数量	256卷
档案文献保存者	厦门市档案馆
地址	福建省厦门市湖滨北路80号
邮编	361012

档案文献内容及评介

会审公堂，又称会审公廨，系清末民初帝国主义国家在旧中国租界内强行设立的司法机关。鼓浪屿沦为西方列强的公共租界后，根据《鼓浪屿公共地界章程》于光绪二十九年（1903年）设立会审公堂，审理刑事、民事案件，1945年撤销。该档案文献主要包括会审公堂的历史沿革、案件审理记录以及会审公堂与有关方面的来往函件，对研究租界社会历史具有重要价值。

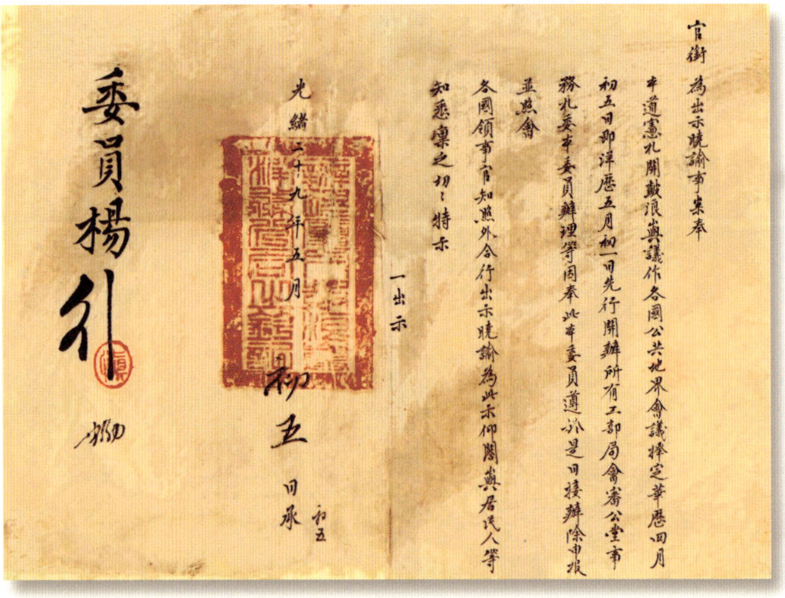
官銜 為出示曉諭事案奉
本道憲札開鼓浪嶼議作各國公共地界會議擇定華歷四月
初五日即洋歷五月初一日先行開辦所有工部局會審公堂事
務札委本委員辦理等因奉此本委員遵於是日接辦除申報
並照會
各國領事官知照外合行出示曉諭為此示仰闔嶼居民人等
知悉凜之切切特示
一出示
光緒二十九年五月初五日
委員楊引

◎清光绪二十九年（1903年）五月初五会审公堂开办告示

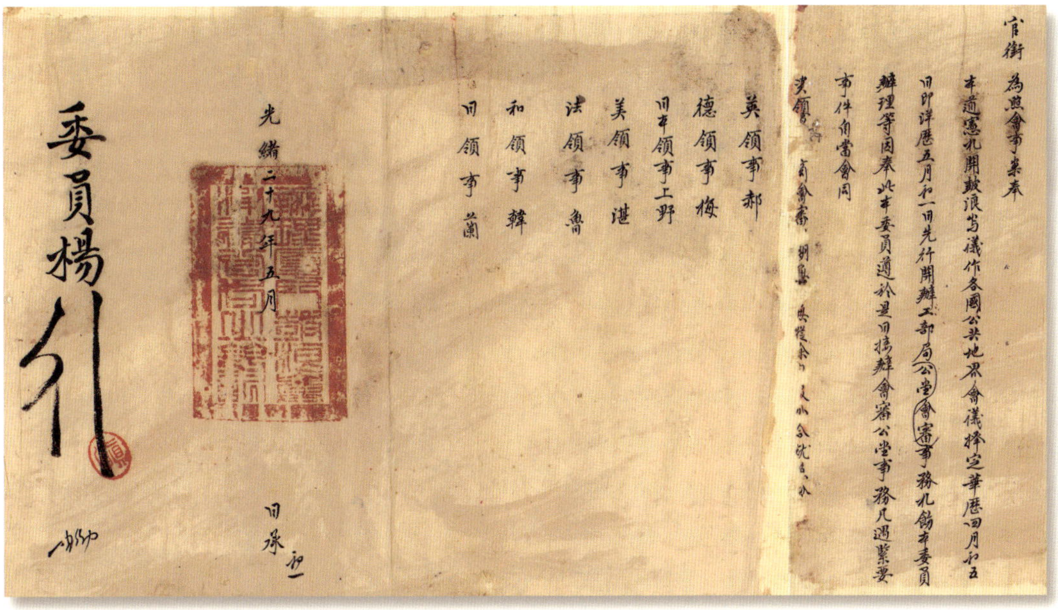

◎清光绪二十九年（1903年）五月初一会审公堂委员杨荣忠接办会审公堂事务致各国驻厦领事照会

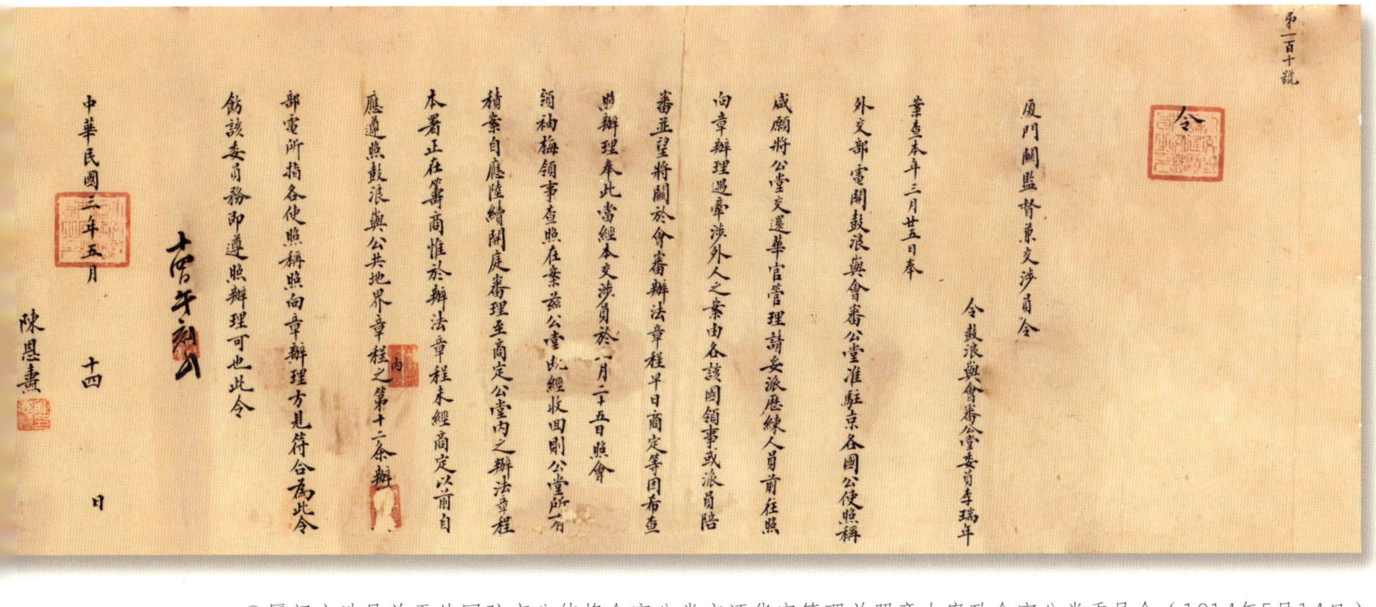

◎厦门交涉员关于外国驻京公使将会审公堂交还华官管理并照章办案致会审公堂委员令（1914年5月14日）

档案文献名称 清光绪三十年编印的《福建白话报》

档案文献形成年代 清光绪三十年（1904年）

档案文献数量 1件

档案文献保存者 福建省档案馆

地　　　　址 福建省福州市大学城中心共享区明德路2号

邮　　　　编 350108

档案文献内容及评介

《福建白话报》于清光绪三十年九月一日（1904年10月9日）在福州创办，是福建第一份白话文报刊，也是我国最早的白话报刊之一，系半月刊，16开版，杂志式，内设“论说”“地理”“传记”“调查”等栏目。现存福建省档案馆的《福建白话报》，出版于清光绪三十年九月十五日（1904年10月23日），载有《福建开疆始祖无诸王传》《福州船政纪略》等文章。该文献存世量极少，对研究福建报刊史及晚清白话文运动具有重要价值。

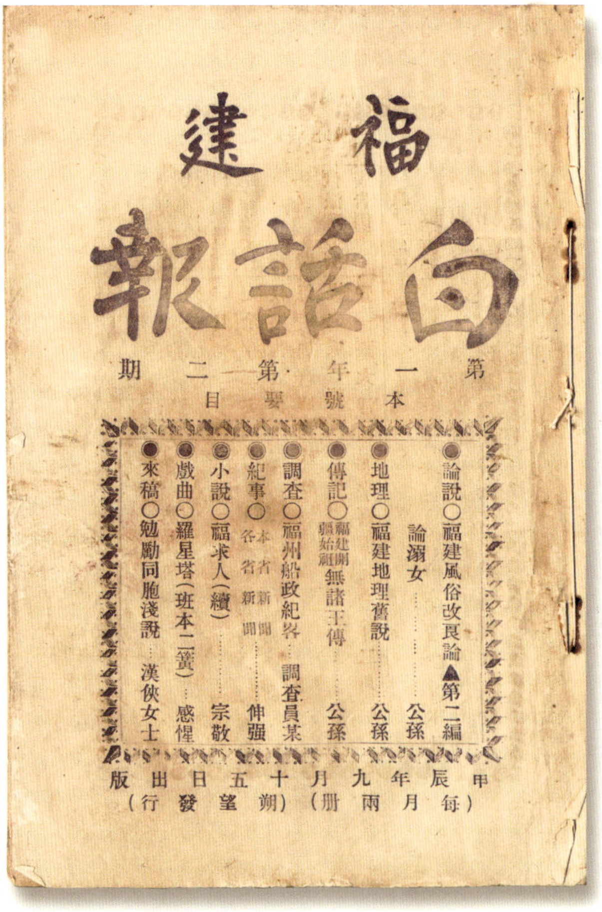
福建
白話報
第一年第二期
本號要目
◎論說〇福建風俗改良論▲第二編 論溺女……公孫
◎地理〇福建地理舊說……公孫
◎傳記〇福建開疆始祖無諸王傳……公孫
◎調査〇福州船政紀略……調査員某
◎紀事〇本省新聞 各省新聞……伸强
◎小說〇福求人（續）……宗敬
◎戲曲〇羅星塔（班本二簧）……感惺
◎來稿〇勉勵同胞淺說……漢俠女士
甲辰年九月十五日出版
（每月兩冊 朔望發行）

◎《福建白话报》

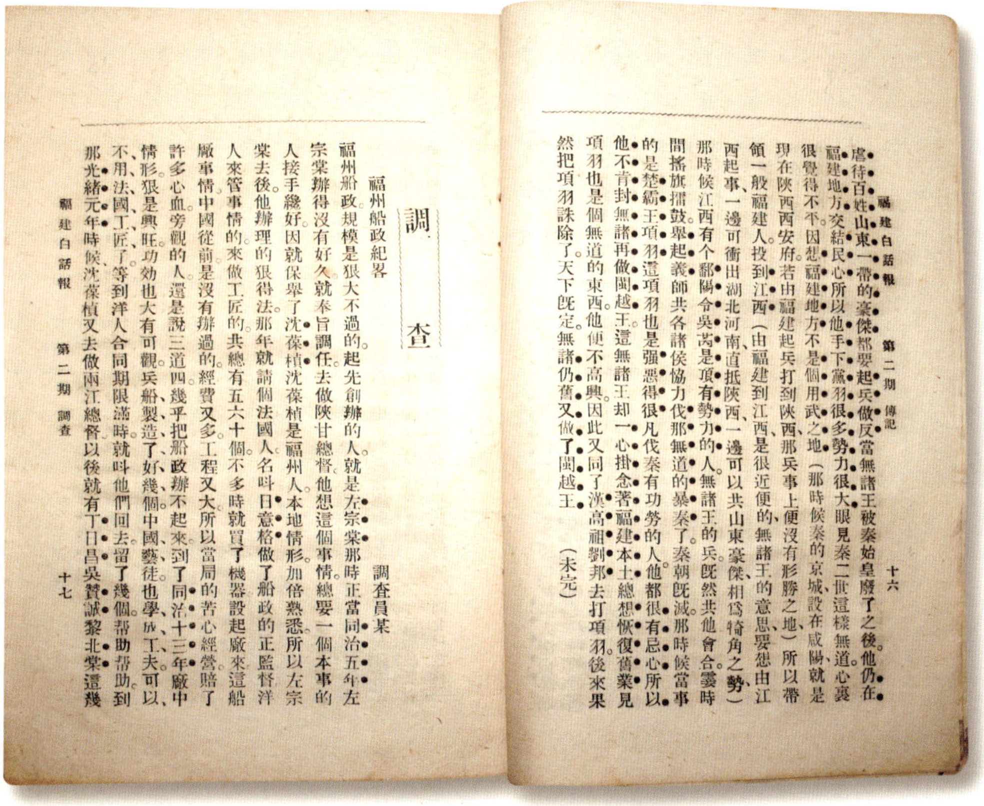
福建白話報　第二期　傳記　十六

虐待百姓山東一帶的豪傑都要起兵做反當無諸王被秦始皇廢了之後。他仍在福建地方交結民心所以他手下黨羽很多勢力很大眼見秦二世這樣無道。心裏很覺得不平。因想福建地方不是個用武之地（那時候秦的京城設在咸陽、就是現在陝西西安府。若由福建起兵打到陝西、那兵事上便沒有形勝之地、）所以帶領一般福建人。投到江西（由福建到江西是很近便的、無諸王的意思、要想由江西起事、一邊可衝出湖北河南、直抵陝西、一邊可以共山東豪傑、相爲犄角之勢、）那時候江西有个鄱陽令吳芮是頂有勢力的人。無諸王的兵。既然共他會合。霎時間搖旗擂鼓。舉起義師共各諸侯協力伐那無道的暴秦了。秦朝既滅。那時候當事的是楚霸王項羽這項羽也是強悪得很凡伐秦有功勢的人。他都很有忌心所以他不肯封無諸再做閩越王。這無諸王卻一心掛念著福建本土總想恢復舊業見項羽也是個無道的東西。他便不高興。因此又同了漢高祖劉邦去打項羽。後來果然把項羽誅除了。天下既定。無諸仍舊又做了閩越王。

（未完）

調查

福州船政紀畧　調查員某

福州船政。規模是狠大不過的。起先創辦的人。就是左宗棠那時正當同治五年左宗棠辦得沒有好久。就奉旨調任去做陝甘總督。他想這個事情。總要一個本事的人接手纔好。因就保舉了沈葆楨沈葆楨是福州人。本地情形。加倍熟悉。所以左宗棠去後。他辦理的狠得法。那年就請個法國人名叫日意格做了船政的正監督洋人來管事情的。來做工匠的。共總有五六十個。不多時就買了機器設起廠來這船廠事情。中國從前是沒有辦過的。經費又多。工程又大所以當局的苦心經營。賠了許多心血。旁觀的人還是說三道四。幾乎把船政辦不起來。到了同治十三年廠中情形。狠是興旺。功効也大有可觀。兵船、製造了好幾個。中國藝徒。也學成工夫。可以、不用、法國、工匠了。等到洋人合同期限滿時。就叫他們回去。留了幾個。幫助幫助。到那光緒元年時候、沈葆楨又去做兩江總督。以後就有丁日昌吳贊誠黎北棠還幾

福建白話報　第二期　調查　十七

◎《福建白话报》“调查”专栏——《福州船政纪略》

档案文献名称	清光绪三十一年《漳泉日报》和宣统三年《录各报要闻》
档案文献形成年代	清光绪三十一年（1905年）、宣统三年（1911年）
档案文献数量	11件
档案文献保存者	漳州市档案馆
地址	福建省漳州市芗城区芝山路49号重竞技馆C区
邮编	363000

档案文献内容及评介

《漳泉日报》于清光绪二十八年（1902年）在厦门创办，现存的两期均出版于清光绪三十一年（1905年），设有“论说”“要件专录”“奏折谨登”“中外时事”“本埠新闻”“漳泉近事”“闽粤要闻”等栏目。创办于清宣统三年九月十九日（1911年11月6日）的《录各报要闻》，是漳州历史上第一家公开发行的报纸，辑录了当时全国知名报纸发表的消息评论，刊载革命军军政府的有关法令、文告、政策，并设有“本埠要闻”“新闻”“詹詹小言”等专栏，曾刊登漳州宣告独立和国民军入城等重要事件，也曾用《报界要电录》《报界要闻录》《各报要闻录》为报名，出版16期后，随着漳州光复，扩版改为《漳报》。《漳泉日报》和《录各报要闻》存世量极少，对研究福建新闻史具有重要价值。

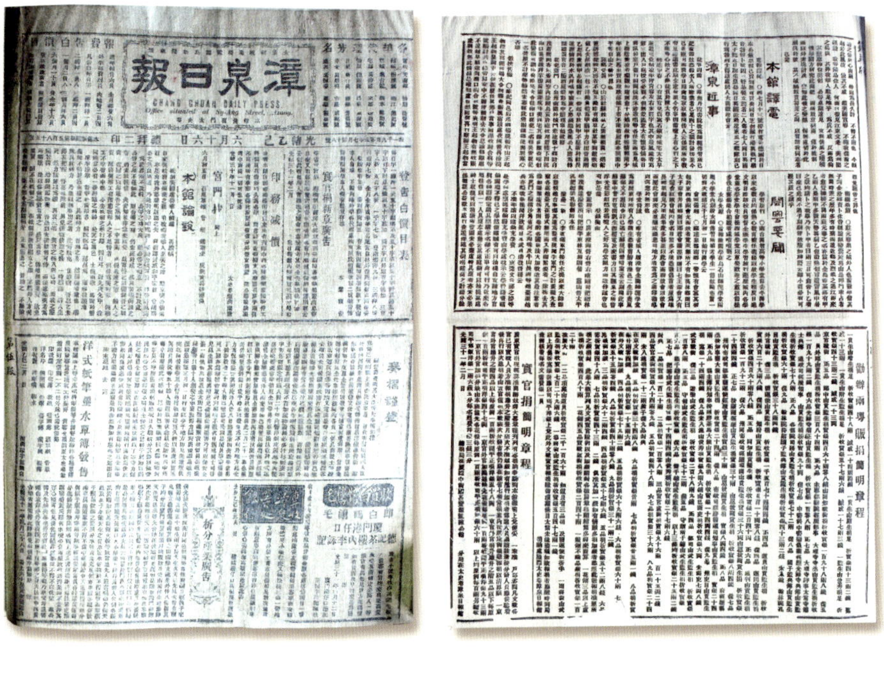
漳泉日報
本館譯電
漳泉近事
閩粵要聞

◎清光绪三十一年六月十六日（1905年7月18日）《漳泉日报》

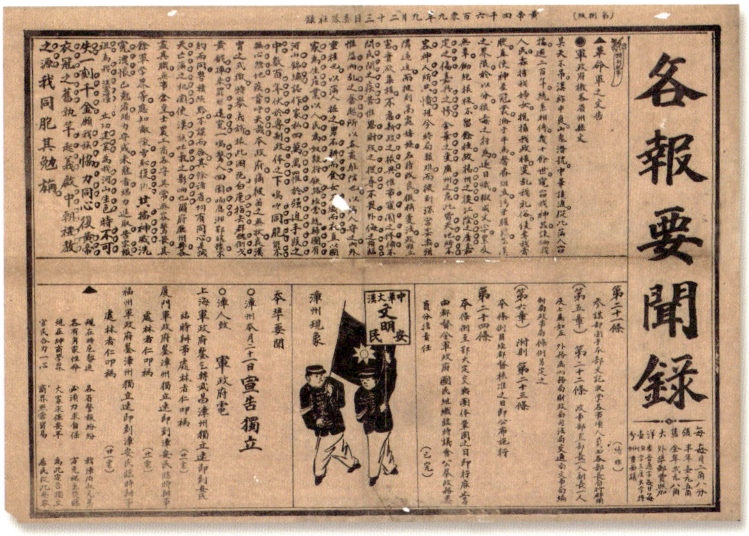
各報要聞錄

◎清宣统三年九月二十三日（1911年11月10日）《各报要闻录》

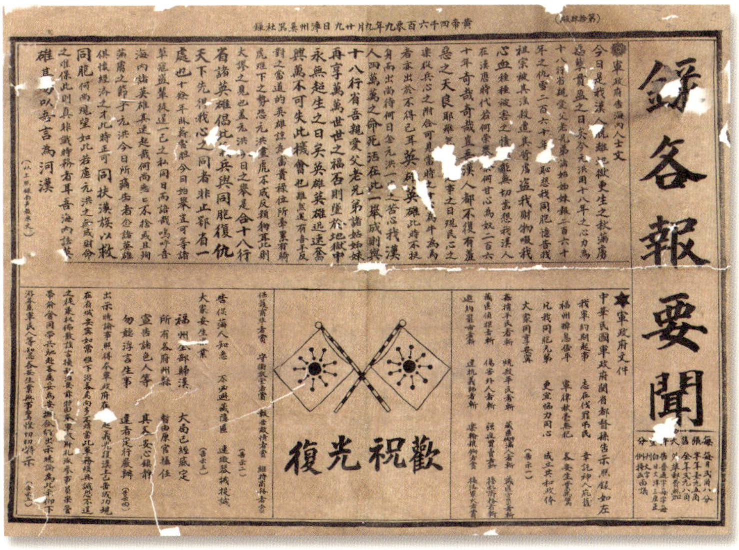
錄各報要聞

歡祝光復

◎清宣统三年九月二十九日（1911年11月16日）《录各报要闻》

档案文献名称	清光绪三十一年版《福建全省地舆图》
档案文献形成年代	清光绪三十一年（1905年）
档案文献数量	2册
档案文献保存者	福建省档案馆
地　　址	福建省福州市大学城中心共享区明德路2号
邮　　编	350108

档案文献内容及评介

该档案文献分上下册，清光绪三十一年（1905年）重印。书中收录福建全省及各府、州、县地图和文字说明，其中特别注明“其东南海中台湾府至省一千三百八十里”，“康熙二十三年增置台湾府，光绪十三年升台湾府为省，与福建分治”，体现了闽台自古是一家的史实。在各府、州、县图后列表说明沿革、疆域、天度、山镇、水道、乡镇、职官情况。书中地图均采用当时先进的测绘技术绘制，是福建省最早的地图之一。该档案文献对研究福建地方历史地理、闽台关系具有重要的参考价值。

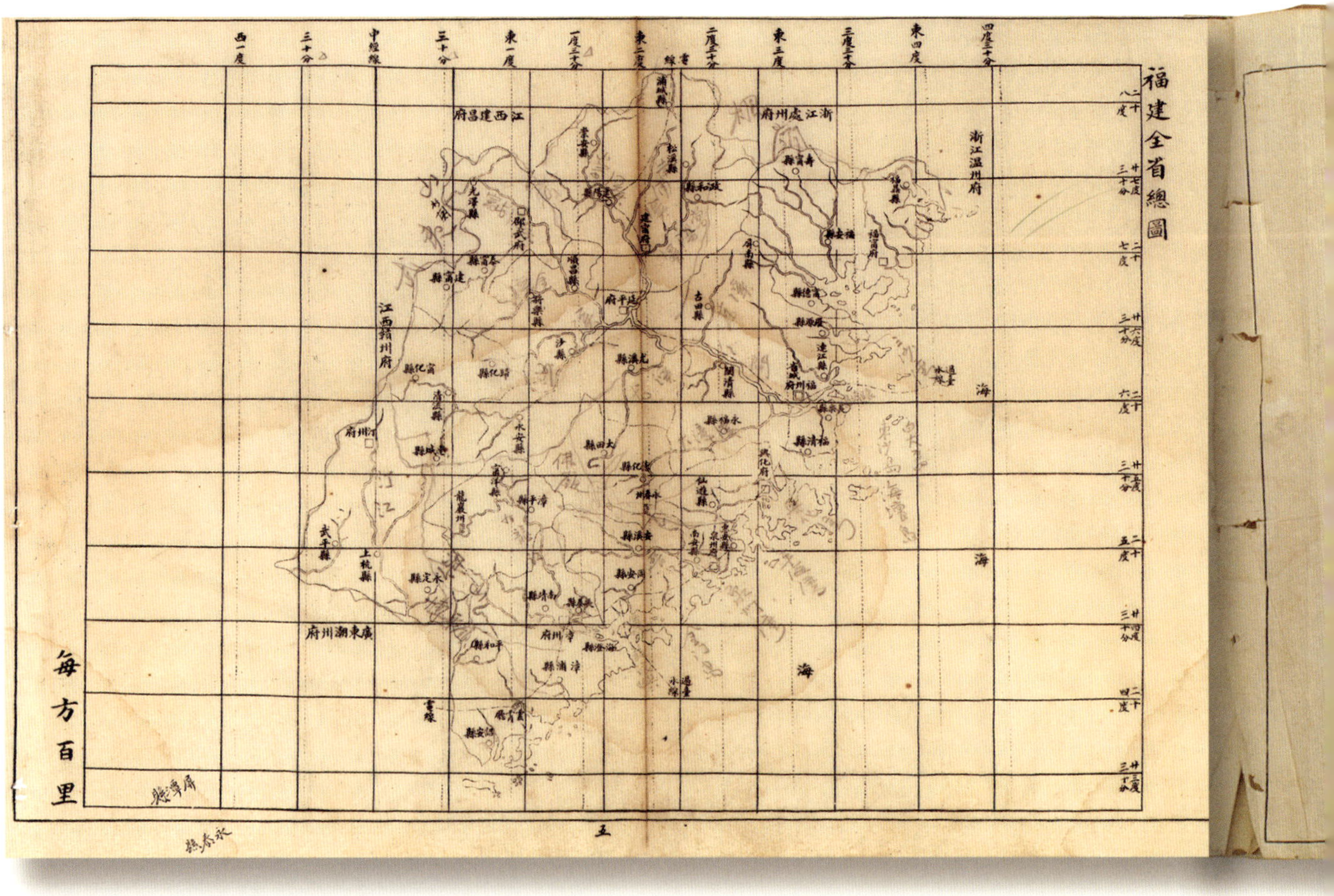

◎清光绪三十一年（1905年）版《福建全省地舆图》

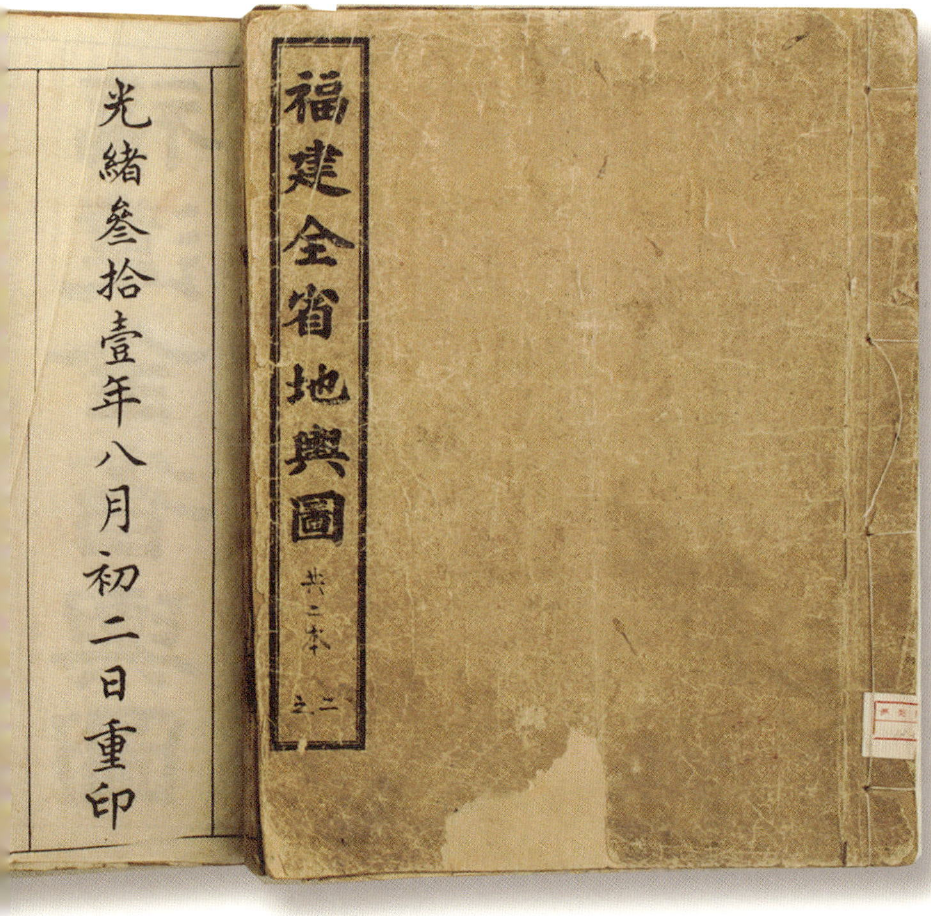
光緒叁拾壹年八月初二日重印
福建全省地輿圖
共二本
之二

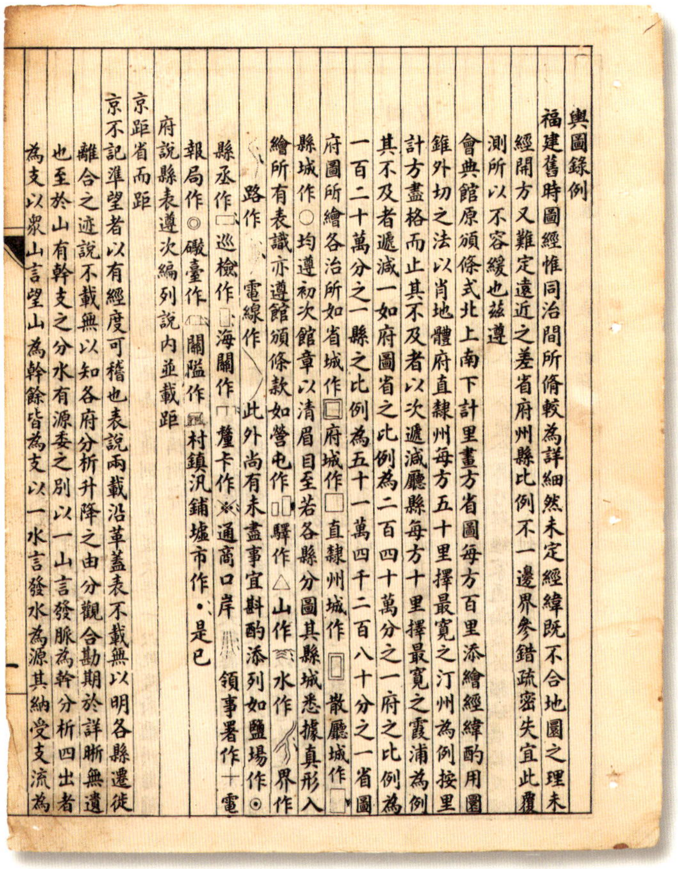

輿圖錄例

福建舊時圖經惟同治間所脩較為詳細然未定經緯既不合地圜之理未經開方又難定遠近之差省府州縣比例不一邊界參錯疏密失宜此覆測所以不容緩也茲遵

會典館原頒條式北上南下計里畫方省圖每方百里添繪經緯酌用圜錐外切之法以肖地體府直隸州每方五十里擇最寬之汀州為例按里計方盡格而止其不及者以次遞減廳縣每方十里擇最寬之霞浦為例其不及者遞減一如府圖省之比例為二百四十萬分之一府之比例為一百二十萬分之一縣之比例為五十一萬四千二百八十分之一省圖府圖所繪各治所如省城作□府城作□直隸州城作□散廳城作□縣城作○均遵初次館章以清眉目至若各縣分圖其縣城悉據真形入繪所有表識亦遵館頒條款如營屯作□驛作△山作水作界作路作電線作此外尚有未盡事宜斟酌添列如鹽場作⊙縣丞作□巡檢作□海關作□釐卡作※通商口岸領事署作＋電報局作◎礮臺作關隘作村鎮汎鋪墟市作・是已

府說縣表遵次編列說內並載距

京距省兩距

京不記準望者以有經度可稽也表說兩載沿革蓋表不載無以明各縣遷徙離合之迹說不載無以知各府分析升降之由分觀合勘期於詳晰無遺也至於山有幹支之分水有源委之別以一山言發脈為幹分析四出者為支以衆山言望山為幹餘皆為支以一水言發水為源其納受支流為

◎清光绪三十一年（1905年）版《福建全省地舆图》内页

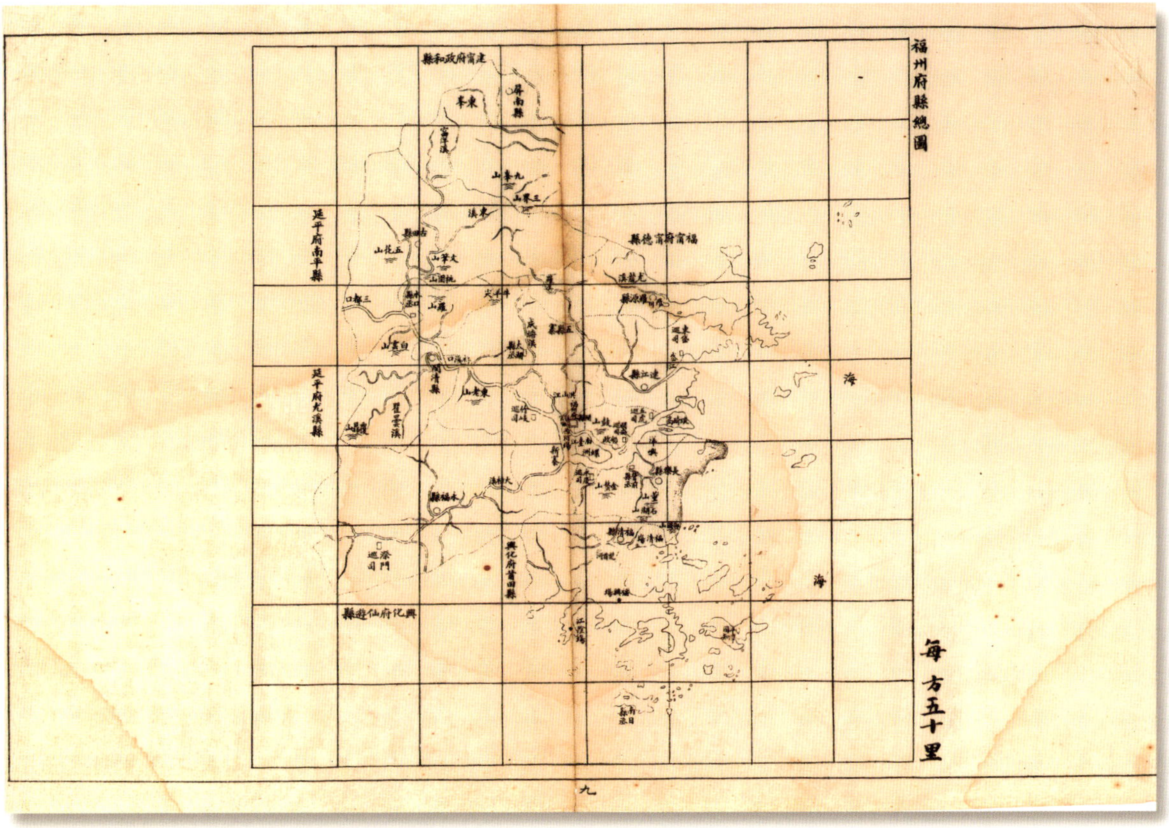

◎清光绪三十一年（1905年）版《福建全省地舆图》中的《福州府县总图》

档案文献名称	福建建阳潭溪黄氏重修宗谱
档案文献形成年代	清光绪三十一年（1905年）
档案文献数量	14卷
档案文献保存者	南平市建阳区档案馆
地　　址	福建省南平市建阳区人民西路498号
邮　　编	354200

档案文献内容及评介

该文献为福建建阳潭溪黄氏大宗谱牒，共14卷，清光绪三十一年（1905年）秋重修，系潭溪书院木刻印本，谱本体例完备，图文并茂，附有完整的唐、宋、元、明、清黄氏历代职官图，具有较高的文献价值和版本价值。

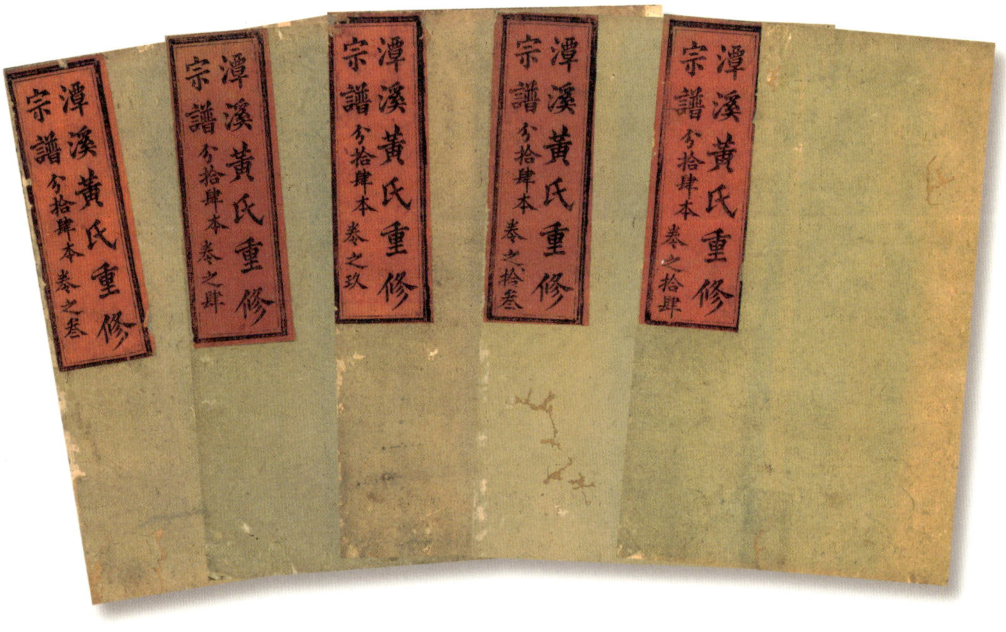

◎《潭溪黄氏重修宗谱》外观

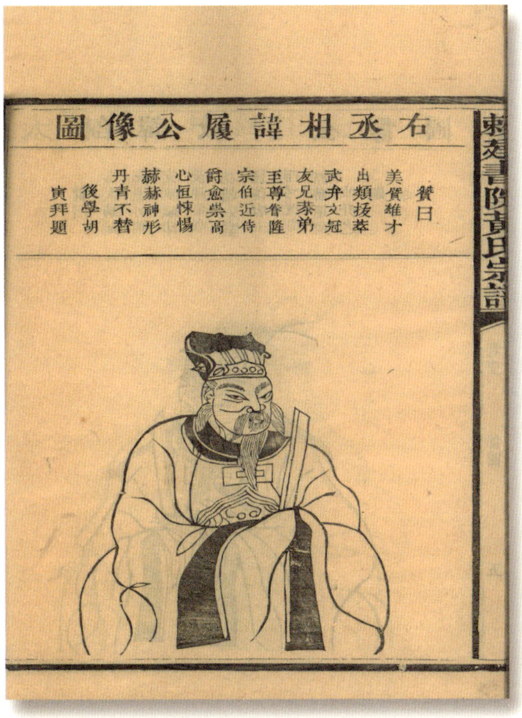
右丞相諱履公像圖

贊曰
美質雄才
出類拔萃
武弁文冠
友兄恭弟
王尊眷隆
宗伯近侍
爵僉崇高
心恒悚惕
赫赫神形
丹青不替
後學胡
寅拜題

◎《潭溪黄氏重修宗谱》卷一“像图”

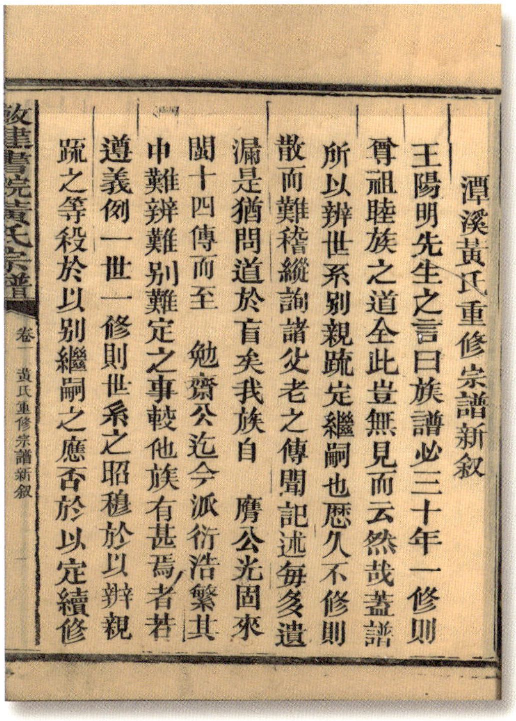
潭溪黃氏重修宗譜新叙

王陽明先生之言曰族譜必三十年一修則
尊祖睦族之道全此豈無見而云然哉蓋譜
所以辨世系別親疏定繼嗣也歷久不修則
散而難稽縱詢諸父老之傳聞記述每多遺
漏是猶問道於盲矣我族自　膺公光固來
閩十四傳而至　勉齋公迄今派衍浩繁其
中難辨難別難定之事較他族有甚焉者若
遵義例一世一修則世系之昭穆於以辨親
疏之等殺於以別繼嗣之應否於以定續修

敦本書院黃氏宗譜　卷一　黃氏重修宗譜新叙

◎《潭溪黄氏重修宗谱》卷一“新叙”

档案文献名称	清光绪三十四年《闽省各州厅县事实表》
档案文献形成年代	清光绪三十四年（1908年）
档案文献数量	1卷
档案文献保存者	福建省档案馆
地　　址	福建省福州市大学城中心共享区明德路2号
邮　　编	350108

档案文献内容及评介

该档案系福建布政使尚其亨呈报的清光绪三十三年（1907年）《闽省各州厅县官员事实表》，其中记载县名、知县情况、开办学堂、巡警、工艺、种植、命案、盗案、钱粮、粮秣、考语、应列某等栏目内容，反映了这一年福建省各州厅县官员人事考核情况，具有重要的研究价值。

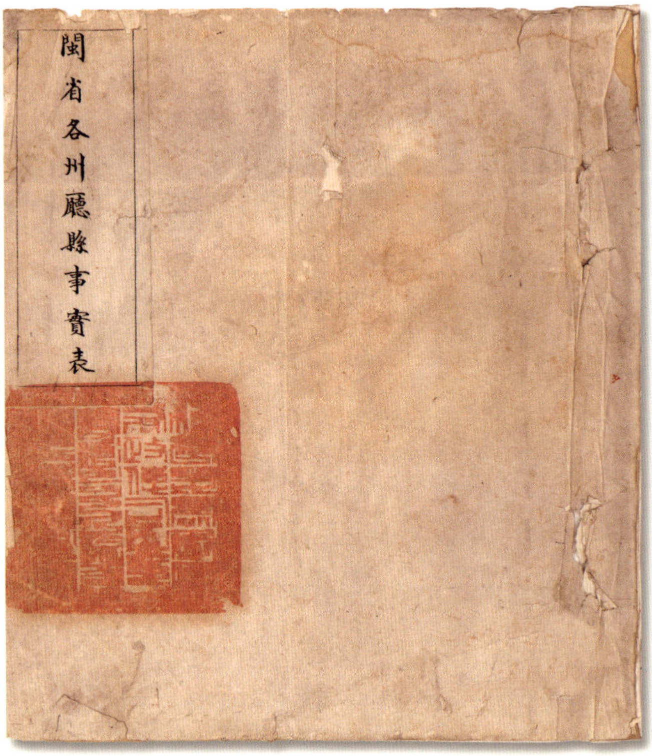

◎《闽省各州厅县事实表》封面

◎《闽省各州厅县事实表》落款

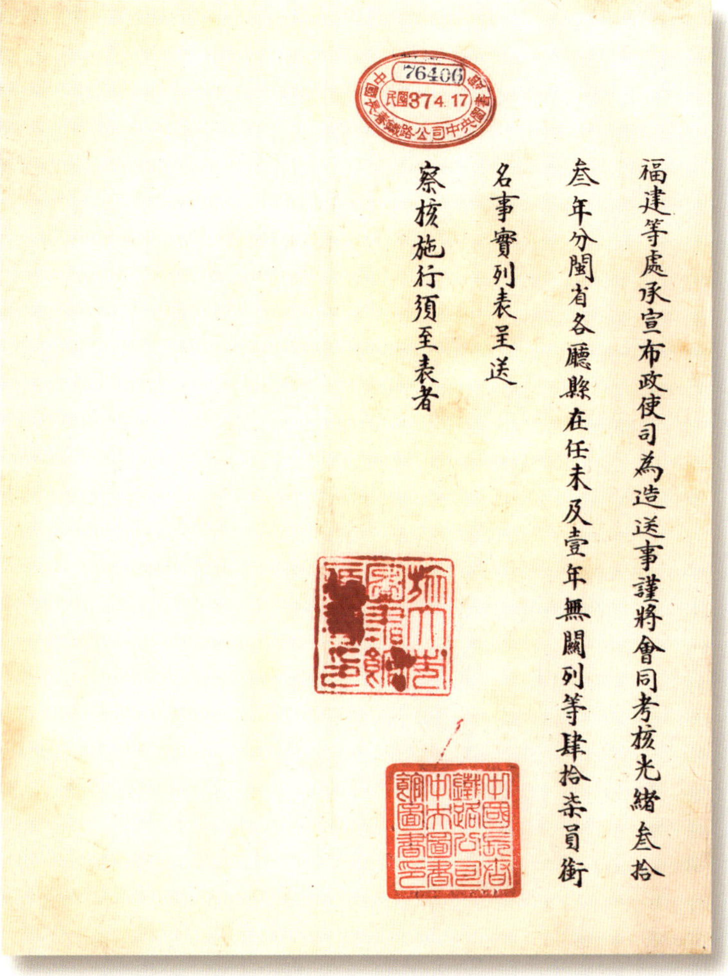

福建等處承宣布政使司為造送事謹將會同考核光緒叁拾

叁年分閩省各廳縣在任未及壹年無關列等肆拾柒員銜

名事實列表呈送

察核施行須至表者

◎《闽省各州厅县事实表》内页

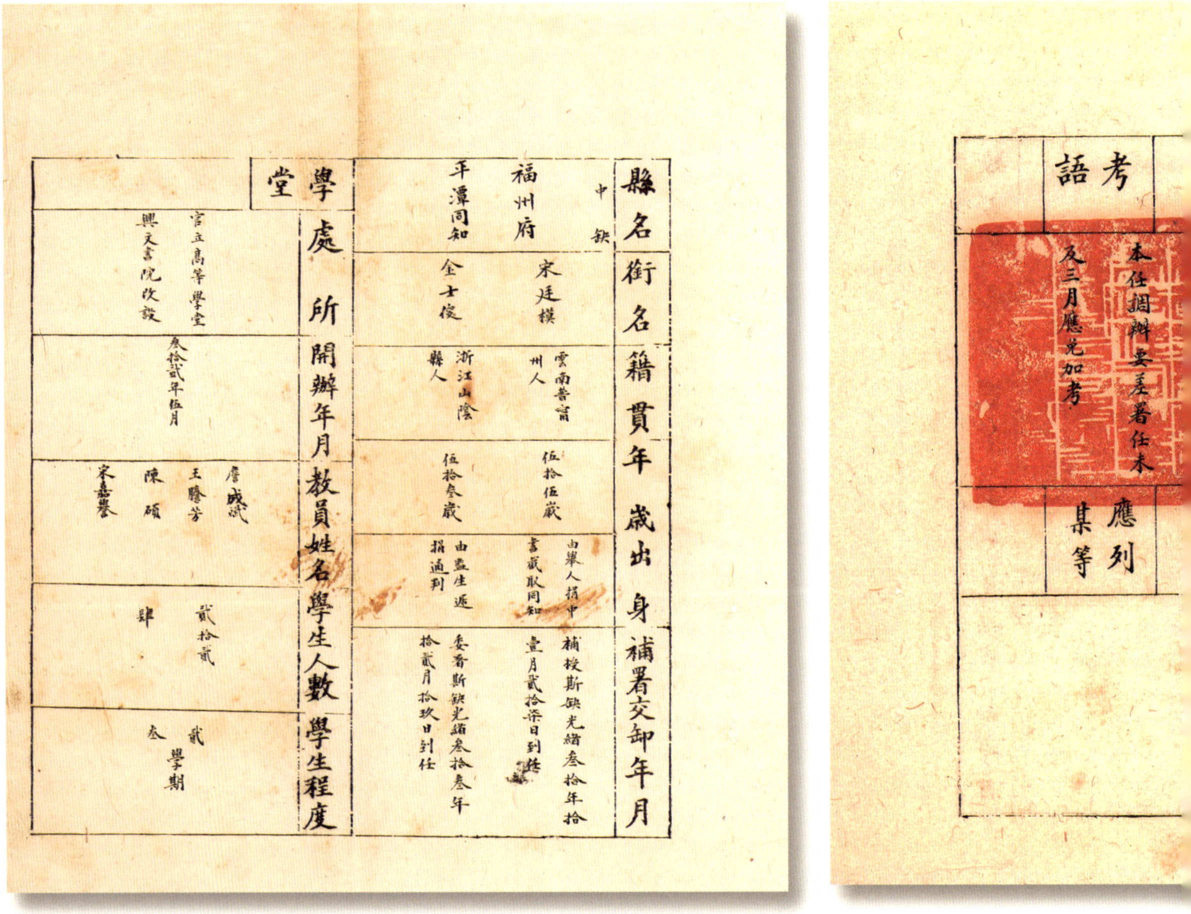

◎《闽省各州厅县事实表》内页

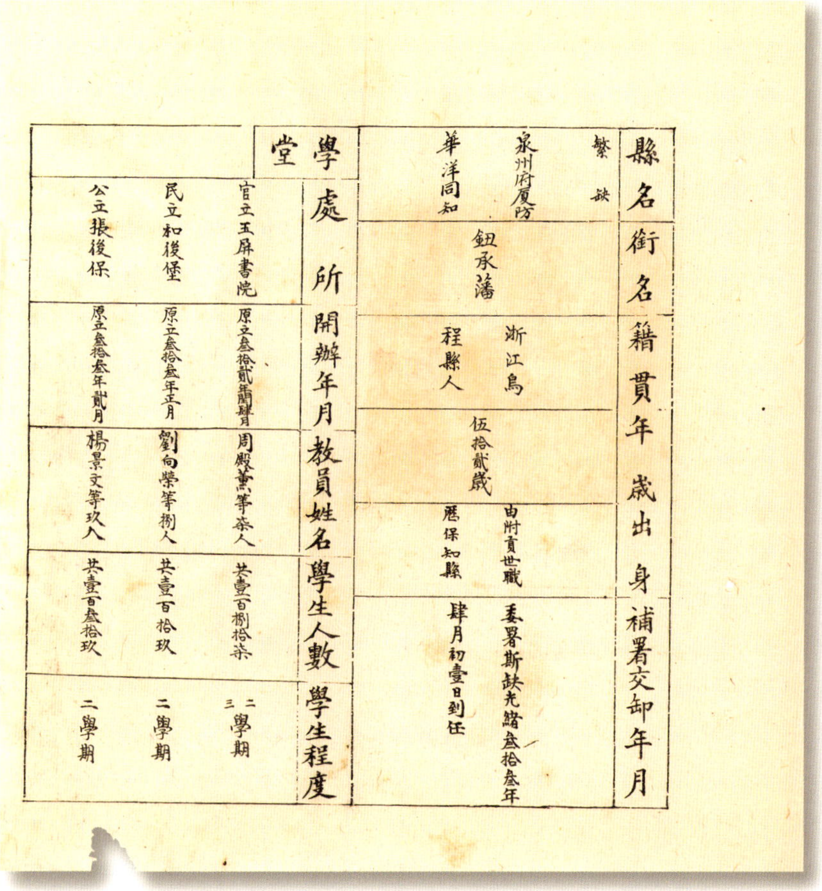

縣名	繁缺 泉州府廈防華洋同知
銜名	鈕承藩
籍貫	浙江烏程縣人
年歲	伍拾貳歲
出身	由附貢世職歷保知縣
補署交卸年月	委署斯缺光緒叁拾叁年肆月初壹日到任

學堂 處所	開辦年月	教員姓名	學生人數	學生程度
官立玉屏書院	原立叁拾貳年閏肆月	周殿薰等柒人	共壹百捌拾柒	二三學期
民立和後堡	原立叁拾叁年正月	劉向滎等捌人	共壹百拾玖	二學期
公立張後保	原立叁拾叁年貳月	楊景文等玖人	共壹百叁拾玖	二學期

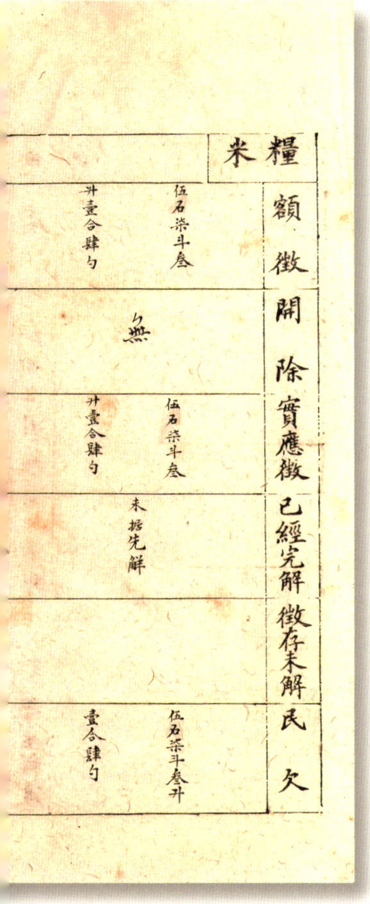

糧米	
額徵	伍石柒斗叁升壹合肆勺
開除	無
實應徵	伍石柒斗叁升壹合肆勺
已經完解	未據先解
徵存未解	
民欠	伍石柒斗叁升壹合肆勺

档案文献名称	清末福建全省法政学堂毕业文凭
档案文献形成年代	清宣统二年（1910年）、清宣统三年（1911年）
档案文献数量	2件
档案文献保存者	福建省档案馆
地　　址	福建省福州市大学城中心共享区明德路2号
邮　　编	350108

档案文献内容及评介

该档案系福建全省法政学堂颁发给学生来震和张璲芬的毕业证书，为厚连史纸木刻印刷，直式方形，花边装饰四龙，四角嵌“毕业文凭”四字，骑缝处钤盖有“福建全省法政学堂关防”。其中详细记载了学科名称，教员姓名，学生姓名、年龄、籍贯、毕业考试分数等。该档案是迄今为止福建省发现的最早的高等学府毕业文凭，具有很高的历史研究价值和文物收藏价值。

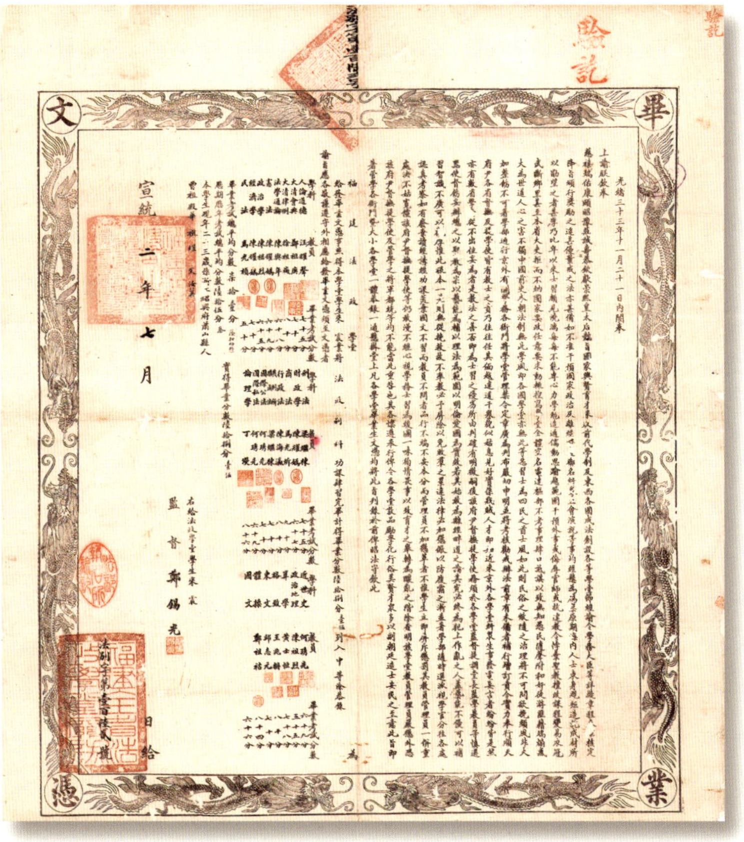
畢 業 文 憑
驗訖
宣統 二 年 七 月
日給

◎清宣统二年（1910年）福建全省法政学堂毕业文凭

档案文献名称	《福建私立法政专门学校影集》
档案文献形成年代	清宣统三年（1911年）
档案文献数量	1册
档案文献保存者	福建省档案馆
地　　址	福建省福州市大学城中心共享区明德路2号
邮　　编	350108

档案文献内容及评介

福建私立法政专门学校创建于清宣统三年（1911年），是中国最早成立的私立法政专门学校。该影集收录摄于清末民初的照片102幅，内容丰富，比较系统地反映了该校的校园建筑、课程设计、演讲活动、学校重大庆典等方面的内容，是研究清末民初福建高等教育发展历程的珍贵影像资料。

◎福建私立法政专门学校校门正面

福建私立法政專門學校開校式撮影之一

6. The Opening Ceremony, Scene I, the Private Law College, Fukien.

◎福建私立法政专门学校开校式摄影

福建私立法政專門學校舉行新校舍落成式撮影

90. The Celebration on the Completion of the New Dormitory, the Private Law College, Fukien.

◎福建私立法政专门学校举行新校舍落成式

福建私立法政專門學校課外演講

69. Lecture, the Private Law College, Fukien.

◎福建私立法政专门学校课外演讲

福建私立法政專門學校附設留學歐美豫備班學生教室內製圖攝影

96. The Preparatory Class, for Studying in Europe and America, in Mechanic Drawing in the Class Room, the Private Law College, Fukien.

◎福建私立法政专门学校附设留学欧美预备班学生在教室内学习机械制图

档案文献名称 清宣统三年莆田县给陈樵的执照

档案文献形成年代 清宣统三年（1911年）

档案文献数量 1件

档案文献保存者 莆田市档案馆

地　　址 福建省莆田市城厢区凤凰山街道建设西路839号

邮　　编 351100

档案文献内容及评介

该档案记录民国时期曾任福建省财政厅代理厅长陈樵，在任莆田县禁烟公所干事员期间，反映在反对禁烟者煽动抢毁公私物件过程中，其法政大学法律部速成班毕业照丢失及补发的经过，从侧面反映了清末禁烟运动的情况。此类执照存世量少，十分珍贵。

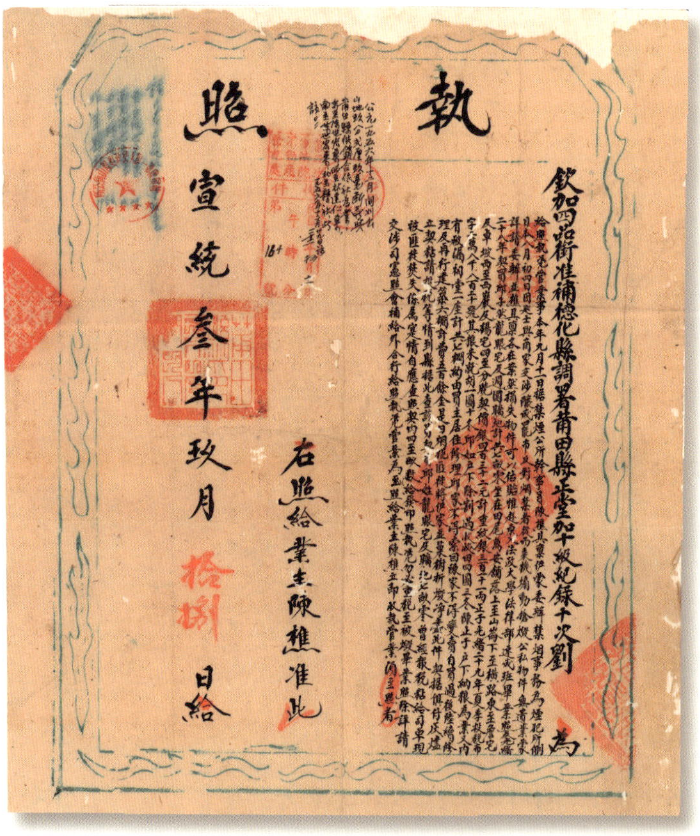
執照

欽加四品銜准補德化縣調署莆田縣正堂加十級紀錄十次劉　為

右照給業生陳樵准此

宣統叁年玖月拾捌日給

◎清宣统三年（1911年）莆田县给陈樵的执照

档案文献名称 福建电话股份有限公司档案

档案文献形成年代 1912年—1950年

档案文献数量 375卷

档案文献保存者 福建省档案馆

地　　址 福建省福州市大学城中心共享区明德路2号

邮　　编 350108

档案文献内容及评介

该档案系由福州近代民族工业先驱刘崇伟、刘崇伦于1912年创办的福建电话股份有限公司形成的档案，包括福建电话股份有限公司初创时发行的股票、第一次股东大会记录、股息折、股东账簿、电话号码簿、自动电话使用方法和公用电话、长途电话有关规则章程等内容，系统地反映了福建电话股份有限公司建立、发展的历程，是研究福建早期自动电话发展史和福建早期股份制企业发展历史，以及当时福州政府机构设置和各行各业情况的重要史料。

◎19世纪30年代福建电话公司编印的电话号码簿

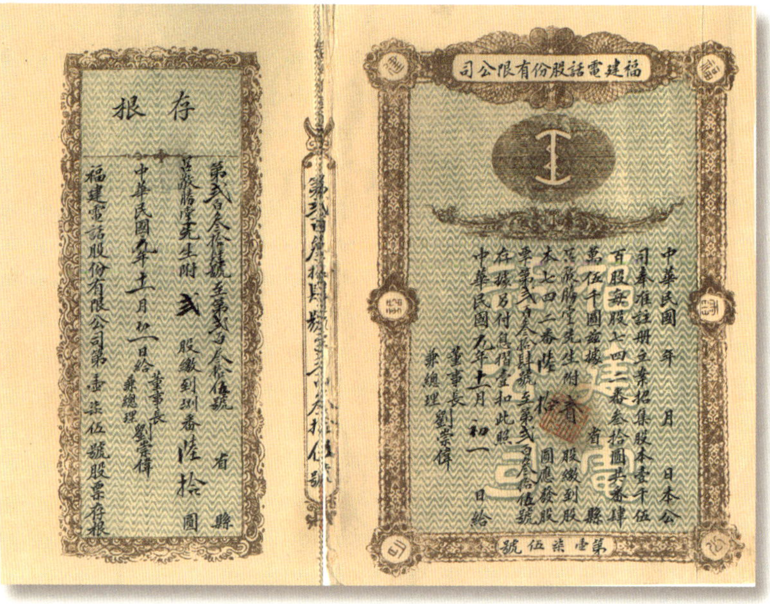

◎福建电话股份有限公司股票及存根

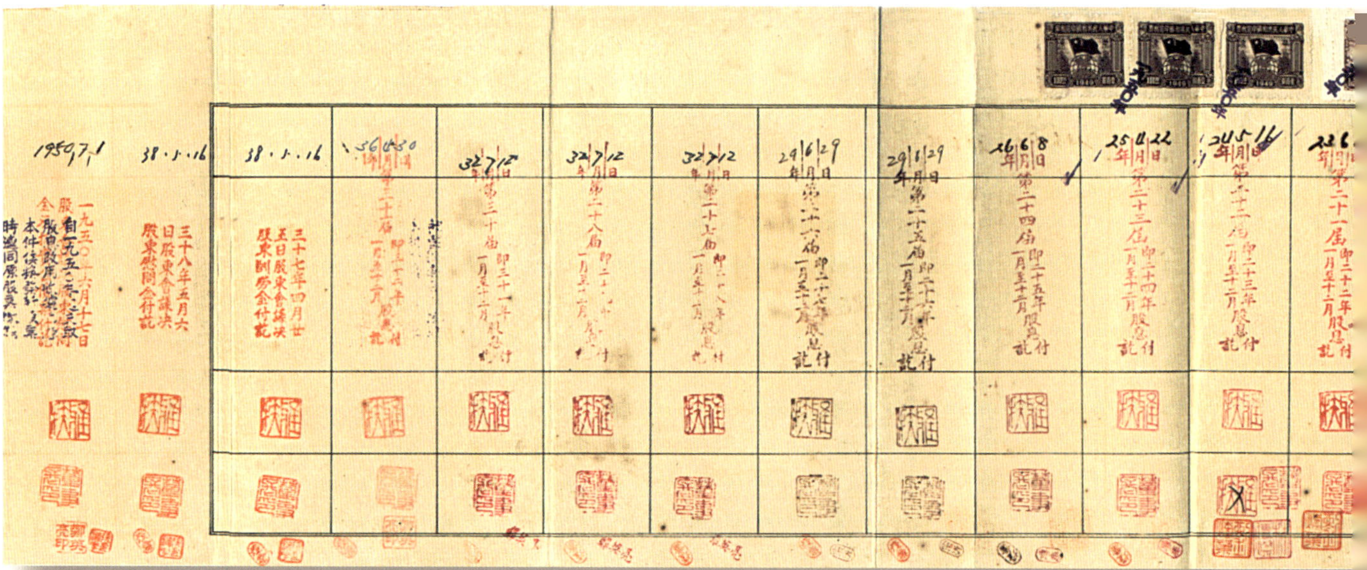

◎福建电话股份有限公司股息折

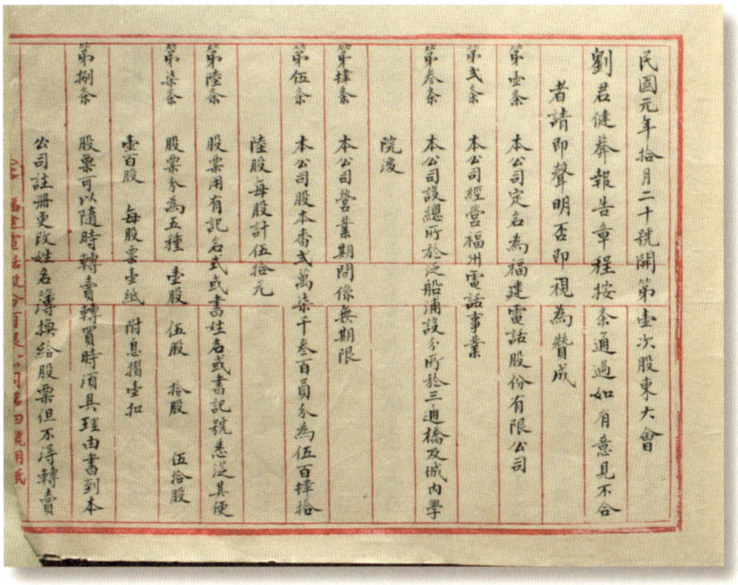

民國元年拾月二十號開第壹次股東大會
劉君健恭報告章程按条通過如有意見不合
者請即聲明否即視為贊成
第壹条 本公司定名為福建電話股份有限公司
第貳条 本公司經營福州電話事業
第叁条 本公司設總所於之船浦設分所於三通橋及城内學
院後
第肆条 本公司營業期間係無期限
第伍条 本公司股本需貳萬柒千叁百員分為伍百肆拾
陸股每股計伍拾元
第陸条 股票用有記名式書姓名或書記號悉從其便
第柒条 股票分為五種 壹股 伍股 拾股 伍拾股
壹百股 每股票壹紙 附息摺壹扣
第捌条 股票可以隨時轉賣轉買時須具理由書到本
公司註冊更改姓名簿換給股票但不得轉賣

◎福建电话股份有限公司第一次股东大会会议记录

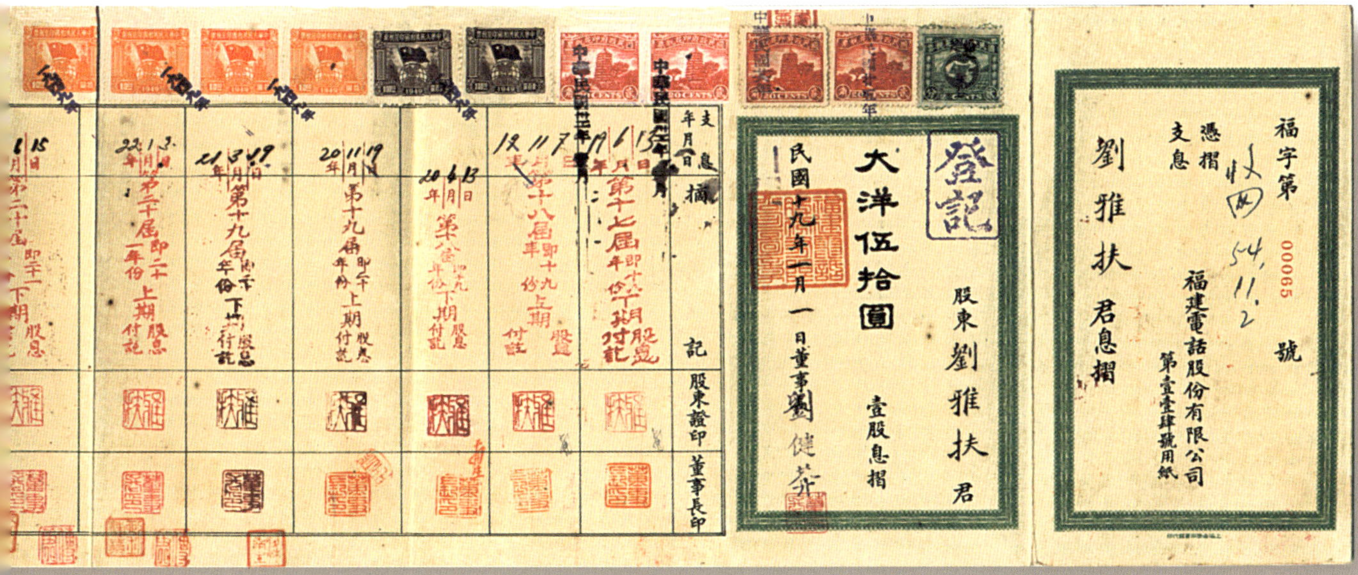

档案文献名称	厦门海后滩事件档案
档案文献形成年代	1918年－1937年
档案文献数量	9卷
档案文献保存者	厦门市档案馆
地址	福建省厦门市湖滨北路80号
邮编	361012

档案文献内容及评介

海后滩案是1909年厦门人民反抗英国越权侵占厦门海后滩土地引发的事件。该档案较为系统地反映了英国侵占海后滩以及厦门人民、有关部门交涉抗争收回海后滩的经过，内容涉及思明县政府与有关机构的来往公函、厦门交涉公署呈报海后滩案情形的函稿等，对研究该事件及这段历史具有重要的价值。

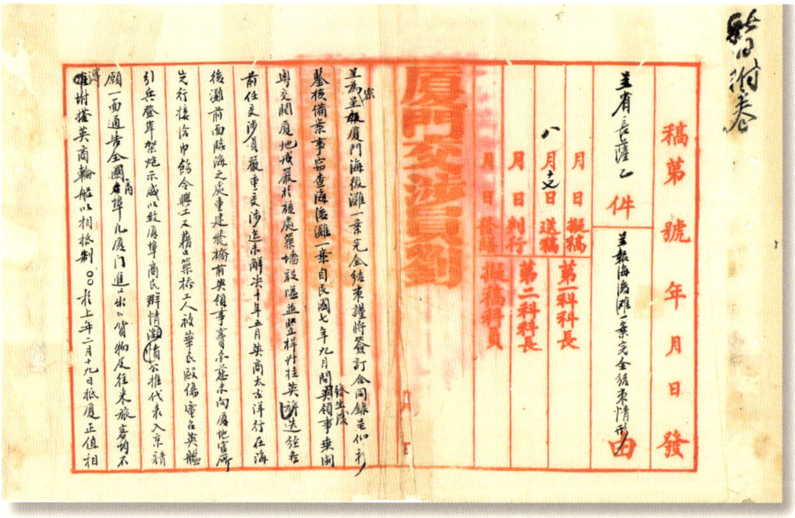

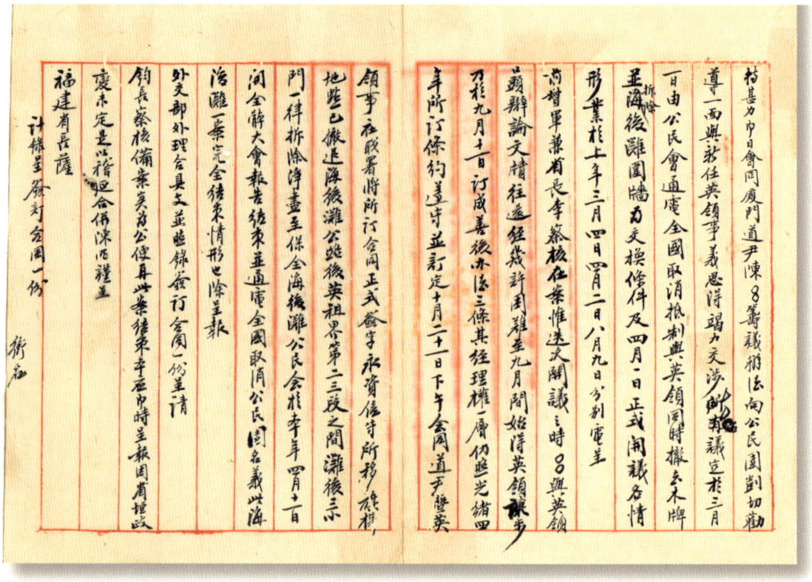

◎关于海后滩案解决经过的呈文

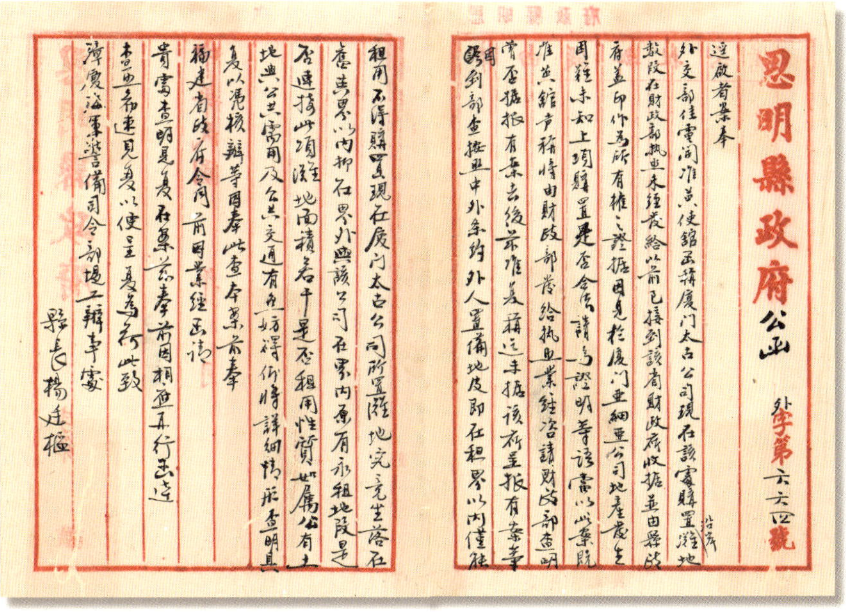

◎思明县政府关于海后滩事件给漳厦海军警备司令部的公函

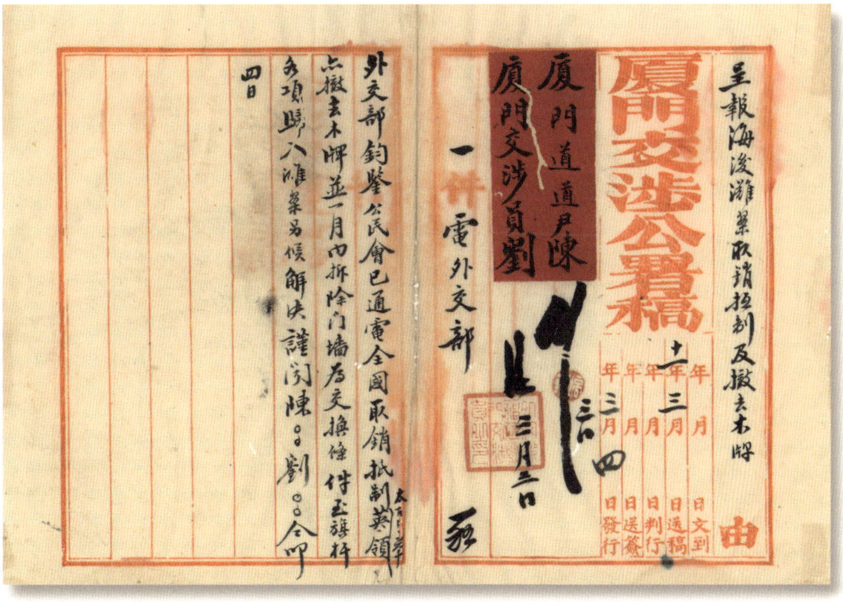

◎厦门交涉公署关于海后滩事件的函

档案文献名称	宁德县范王氏立主婚合约
档案文献形成年代	1921年
档案文献数量	1件
档案文献保存者	宁德市档案馆
地　　　址	福建省宁德市蕉城区署前路14号
邮　　　编	352100

档案文献内容及评介

该档案为民国十年（1921年）所立的民间主婚合约，载明范王氏第三子不幸病故后，范王氏为其儿媳托媒，详述了其儿媳再婚后孩子姓氏、财产继承等事宜。该档案保存较为完好，类似的婚俗文书较为稀少，对研究民间婚姻习俗具有很高的参考价值。

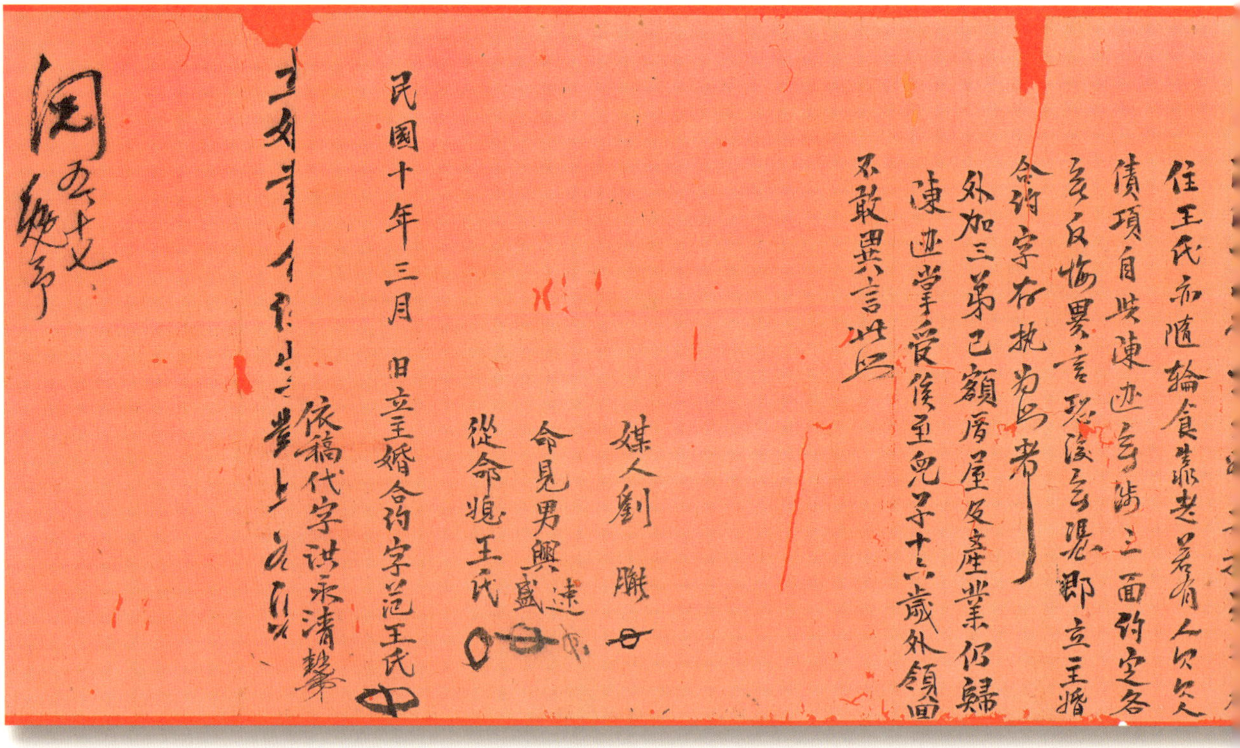
任王氏亦隨輪食靠老若有人欠父
債項自歸陳迦乞媳三面约定各
无反悔異言恐後無憑即立主婚
合约字存执为照者
外加三弟已額房屋及產業仍歸
陳迦掌管俟至兒子十六歲外領回
不敢異言此照
媒人劉 聯
命見男興盛
從命媳王氏
民国十年三月 日立主婚合约字范王氏
依稿代字洪承清

◎宁德县范王氏立主婚合约

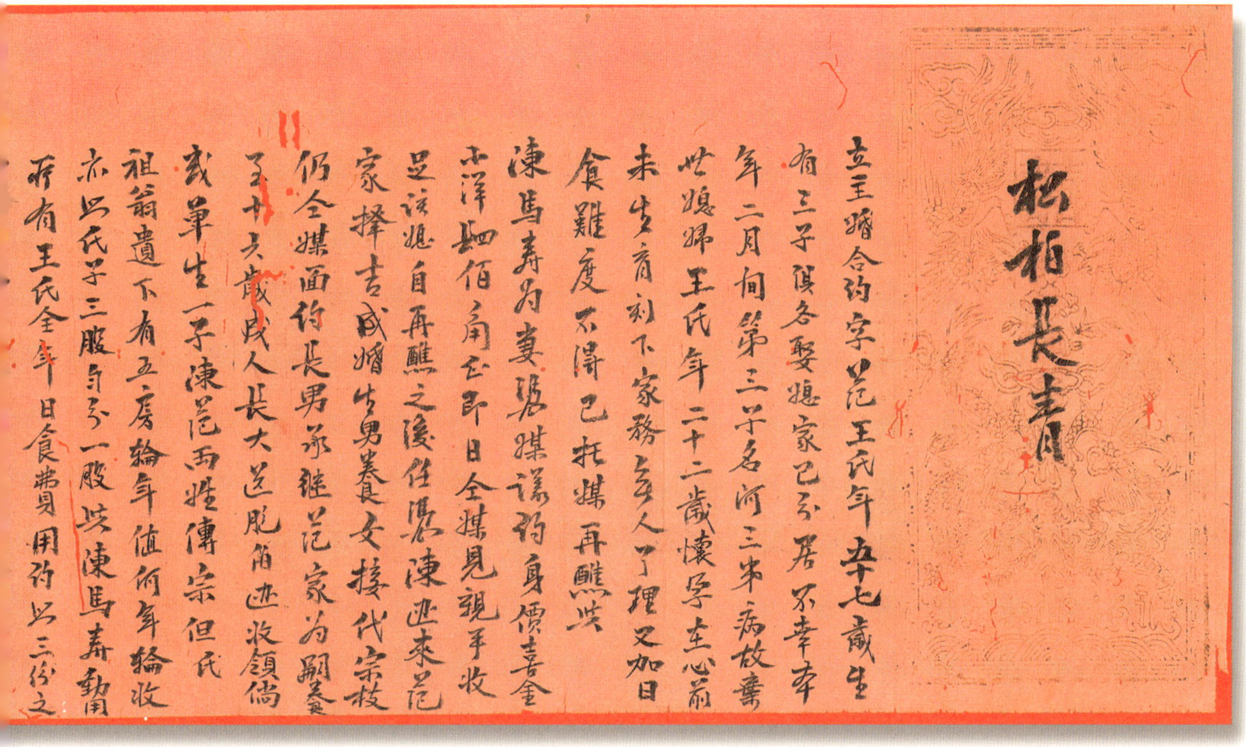
松柏長青

立主婚合約字邑范王氏年五十七歲生
有三子俱各娶媳家己分居不幸本
年二月間第三子名河三未病故棄
世媳婦王氏年二十二歲懷孕在心前
未生育剎下家務無人可理又加日
食難度不得已托媒再醮與
陳馬壽為妻憑媒議明身價喜金
小洋四佰角正即日全媒見親手收
足該媳自再醮之後任憑陳邊來范
家擇吉成婚生男養女接代宗枝
仍全媒面約長男承繼范家為嗣養
至廿六歲成人長大送歸角邊收領倘
或單生一子陳范兩姓傳宗但氏
祖翁遺下有五房輪年值何年輪收
亦此氏子三股分得一股與陳馬壽勤用
存有王氏全年日食需費用約此三份之

档案文献名称	《福州方言——英语词典》
档案文献形成年代	1929年
档案文献数量	1册
档案文献保存者	福建省档案馆
地　　址	福建省福州市大学城中心共享区明德路2号
邮　　编	350108

档案文献内容及评介

该词典由来闽传教的美国人麦利和编撰，于1870年6月在福州出版发行，现存福建省档案馆的为1929年7月发行的第三版。该词典共1847页，用罗马字注音，是当时外国人学习福州话和福州人学习英语的重要工具书，是福州对外交流的历史见证。词典收录的大量繁简俗字以及19世纪福州方言中的俚俗语汇，对研究19世纪福州方言音系、词汇学具有重要价值。

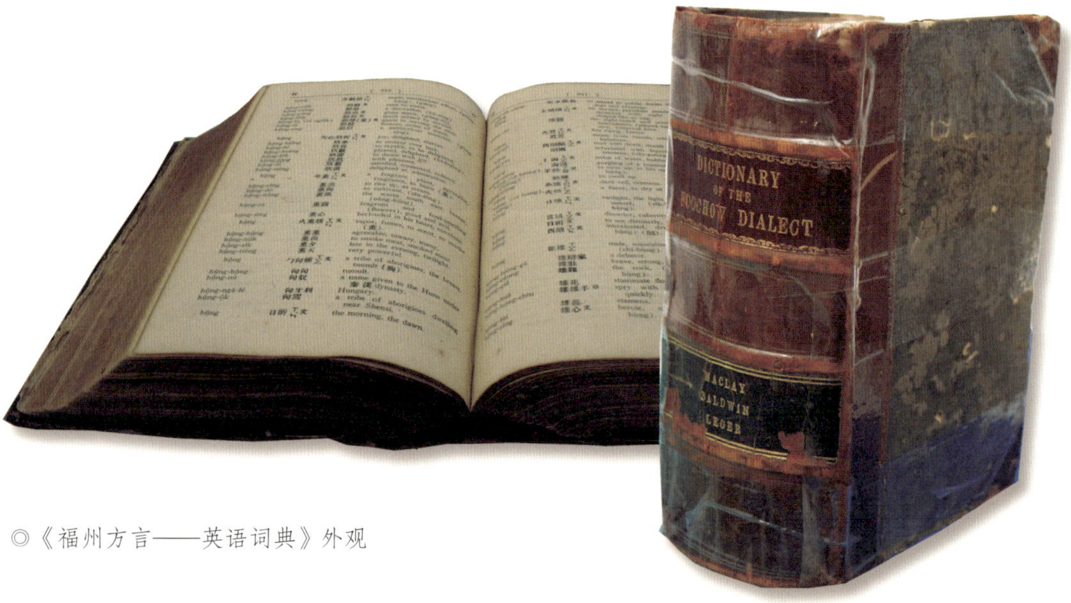

◎《福州方言——英语词典》外观

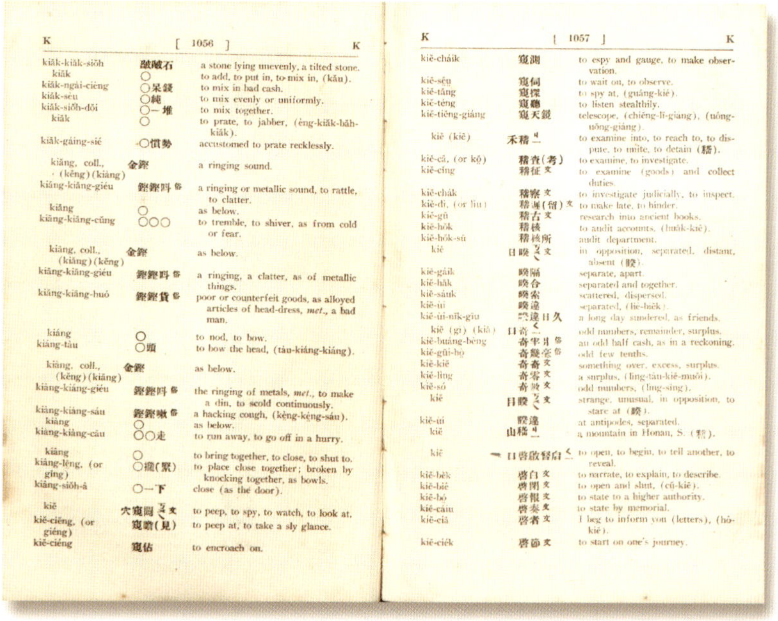

K [1056] K

kiăk-kiăk-siŏh 敧敧石 a stone lying unevenly, a tilted stone.
kiăk ○ to add, to put in, to mix in, (kău).
kiăk-ngài-cièng ○呆錢 to mix in bad cash.
kiăk-sèu ○純 to mix evenly or uniformly.
kiăk-siŏh-dŏi ○一堆 to mix together.
kiăk ○ to prate, to jabber, (èng-kiăk-băh-kiăk).
kiăk-gáing-sié ○慣勢 accustomed to prate recklessly.

kiăng, coll., (kĕng) (kiăng) 金鏗 a ringing sound.
kiăng-kiăng-giéu 鏗鏗叫 俗 a ringing or metallic sound, to rattle, to clatter.
kiăng ○ as below.
kiăng-kiăng-cŭng ○○○ to tremble, to shiver, as from cold or fear.

kiàng, coll., (kiăng) (kĕng) 金鏗 as below.
kiăng-kiăng-giéu 鏗鏗叫 俗 a ringing, a clatter, as of metallic things.
kiăng-kiăng-huó 鏗鏗貨 俗 poor or counterfeit goods, as alloyed articles of head-dress, *met.*, a bad man.

kiáng ○ to nod, to bow.
kiàng-tàu ○頭 to bow the head, (tàu-kiáng-kiáng).

kiàng, coll., (kĕng) (kiàng) 金鏗 as below.
kiàng-kiáng-giéu 鏗鏗叫 俗 the ringing of metals, *met.*, to make a din, to scold continuously.
kiàng-kiàng-sáu 鏗鏗嗽 俗 a hacking cough, (kẹ̀ng-kẹ̀ng-sáu).
kiàng ○ as below.
kiàng-kiàng-câu ○○走 to run away, to go off in a hurry.

kiàng ○ to bring together, to close, to shut to.
kiàng-lẹ̀ng, (or gìng) ○攏(緊) to place close together; broken by knocking together, as bowls.
kiàng-siŏh-â ○一下 close (as the door).

kiĕ 穴窺闚 文 to peep, to spy, to watch, to look at.
kiĕ-ciĕng, (or giéng) 窺瞻(見) to peep at, to take a sly glance.
kiĕ-ciéng 窺佔 to encroach on.

K [1057] K

kiĕ-cháik 窺測 to espy and gauge, to make observation.
kiĕ-sêu 窺伺 to wait on, to observe.
kiĕ-tăng 窺探 to spy at, (guáng-kiĕ).
kiĕ-téng 窺聽 to listen stealthily.
kiĕ-tiĕng-giáng 窺天鏡 telescope, (chiĕng-lî-giang), (uŏng-uŏng-giáng).
kiĕ (kiē) 禾稽 to examine into, to reach to, to dispute, to unite, to detain (稽).
kiĕ-că, (or kộ) 稽查(考) to examine, to investigate.
kiĕ-cĭng 稽征 文 to examine (goods) and collect duties.
kiĕ-chák 稽察 文 to investigate judicially, to inspect.
kiĕ-dì, (or liù) 稽遲(留) 文 to make late, to hinder.
kiĕ-gû 稽古 文 research into ancient books.
kiĕ-hŏk 稽核 to audit accounts, (huăk-kiĕ).
kiĕ-hŏk-sû 稽核所 audit department.
kiĕ 目睽 文 in opposition, separated, distant, absent (睽).
kiĕ-gáik 睽隔 separate, apart.
kiĕ-hăk 睽合 separated and together.
kiĕ-sáuk 睽索 scattered, dispersed.
kiĕ-ùi 睽違 separated, (liè-bièk).
kiĕ-ùi-nĭk-gìu 睽違日久 a long day sundered, as friends.
kiĕ (gì) (kiă) 日奇 odd numbers, remainder, surplus.
kiĕ-buáng-bèng 奇半爿 俗 an odd half cash, as in a reckoning.
kiĕ-gŭi-hộ 奇幾毫 俗 odd few tenths.
kiĕ-kiĕ 奇奇 文 something over, excess, surplus.
kiĕ-lìng 奇零 文 a surplus, (lìng-tàu-kiĕ-muôi).
kiĕ-só 奇數 文 odd numbers, (lìng-sìng).
kiĕ 目睽 文 strange, unusual, in opposition, to stare at (睽).
kiĕ-ùi 睽違 at antipodes, separated.
kiĕ 山嵇 a mountain in Honan, S. (嵇).

kiĕ 一口啓啟督启 to open, to begin, to tell another, to reveal.
kiĕ-bèk 啓白 文 to narrate, to explain, to describe.
kiĕ-biĕ 啓閉 文 to open and shut, (cŭ-kiĕ).
kiĕ-bó 啓報 文 to state to a higher authority.
kiĕ-cáiu 啓奏 文 to state by memorial.
kiĕ-ciă 啓者 文 I beg to inform you (letters), (hó-kiĕ).
kiĕ-ciék 啓節 文 to start on one's journey.

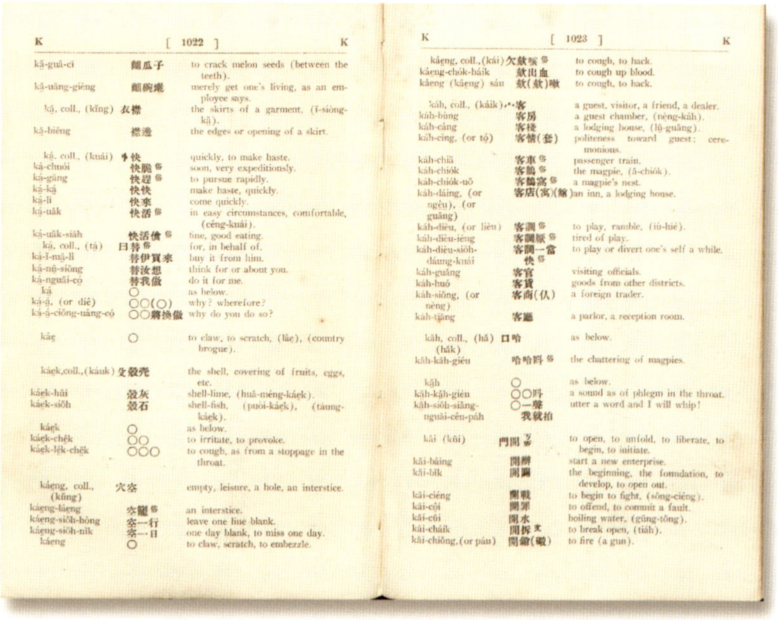

K [1022] K

kă̤-guă-cì 齩瓜子 to crack melon seeds (between the teeth).
kă̤-uăng-giĕng 齩碗糉 merely get one's living, as an employee says.
kă̤, coll., (kĭng) 衣襟 the skirts of a garment, (ĭ-siòng-kă̤).
kă̤-biéng 襟邊 the edges or opening of a skirt.

ká̤, coll., (kuái) 忄快 quickly, to make haste.
ká-chuói 快脆 俗 soon, very expeditiously.
ká-găng 快趕 俗 to pursue rapidly.
ká̤-ká̤ 快快 make haste, quickly.
ká̤-lì 快來 come quickly.
ká̤-uăk 快活 俗 in easy circumstances, comfortable, (céng-kuái).
ká̤-uăk-siăh 快活食 俗 fine, good eating.
ká̤, coll., (tá) 曰替 俗 for, in behalf of.
ká-ĭ-mă̤-lì 替伊買來 buy it from him.
ká̤-nṳ̂-siŏng 替汝想 think for or about you.
ká̤-nguăi-cọ̀ 替我做 do it for me.
ká̤ ○ as below.
ká̤-á̤, (or diê) ○○(○) why? wherefore?
ká̤-á̤-ciŏng-uáng-có ○○將換做 why do you do so?

kâ̤ ○ to claw, to scratch, (lâ̤), (country brogue).

káe̤k, coll., (káuk) 殳殼殻 the shell, covering of fruits, eggs, etc.
káe̤k-hŭi 殼灰 shell-lime, (huă-méng-káe̤k).
káe̤k-siŏh 殼石 shell-fish, (puòi-káe̤k), (táung-káe̤k).
káe̤k ○ as below.
káe̤k-chĕ̤k ○○ to irritate, to provoke.
káe̤k-lĕ̤k-chĕ̤k ○○○ to cough, as from a stoppage in the throat.

káe̤ng, coll., (kŭng) 穴空 empty, leisure, a hole, an interstice.
káe̤ng-láe̤ng 空籠 俗 an interstice.
káe̤ng-siŏh-hòng 空一行 leave one line blank.
káe̤ng-siŏh-nĭk 空一日 one day blank, to miss one day.
káe̤ng ○ to claw, scratch, to embezzle.

K [1023] K

kâe̤ng, coll., (kái) 欠欬咳 俗 to cough, to hack.
kâe̤ng-chók-háik 欬出血 to cough up blood.
kâeng (kâe̤ng) sáu 欬(欬)嗽 to cough, to hack.

káh, coll., (káik) 宀客 a guest, visitor, a friend, a dealer.
káh-bùng 客房 a guest chamber, (nẹ̀ng-káh).
káh-căng 客棧 a lodging house, (lṳ̆-guăng).
káh-cing, (or tộ) 客情(套) politeness toward guest; ceremonious.
káh-chiă 客車 俗 passenger train.
káh-chiók 客鵲 俗 the magpie, (ă-chiók).
káh-chiók-uŏ 客鵲窩 俗 a magpie's nest.
káh-dáing, (or ngêu), (or guăng) 客店(寓)(館) an inn, a lodging house.
káh-dièu, (or lièu) 客調 俗 to play, ramble, (iù-hié).
káh-dièu-iéng 客調厭 俗 tired of play.
káh-dièu-siŏh-dáung-kuái 客調一當快 俗 to play or divert one's self a while.
káh-guăng 客官 visiting officials.
káh-huó 客貨 goods from other districts.
káh-siŏng, (or nèng) 客商(仈) a foreign trader.
káh-tiăng 客廳 a parlor, a reception room.

kăh, coll., (hă) (hăk) 口哈 as below.
kăh-kăh-giéu 哈哈叫 俗 the chattering of magpies.

kă̤h ○ as below.
kă̤h-kă̤h-giéu ○○叫 a sound as of phlegm in the throat.
kă̤h-siŏh-siăng-nguăi-cêu-páh ○一聲我就拍 utter a word and I will whip!

kăi (kŏi) 門開 to open, to unfold, to liberate, to begin, to initiate.
kăi-báing 開辦 start a new enterprise.
kăi-bĭk 開闢 the beginning, the foundation, to develop, to open out.
kăi-ciéng 開戰 to begin to fight, (sŏng-ciéng).
kăi-cội 開罪 to offend, to commit a fault.
kăi-cŭi 開水 boiling water, (gŭng-tŏng).
kăi-cháik 開拆 文 to break open, (tiáh).
kăi-chiŏng, (or páu) 開鎗(礮) to fire (a gun).

◎《福州方言——英语词典》内页

档案文献名称 福建事变档案

档案文献形成年代 1933年—1934年

档案文献数量 200件

档案文献保存者 福建省档案馆

地址 福建省福州市大学城中心共享区明德路2号

邮编 350108

档案文献内容及评介

1933年11月，十九路军将领陈铭枢、蔡廷锴等人发动福建事变，在福州成立生产人民党、建立中华共和国人民革命政府，召开中国全国人民临时代表大会。该档案文献内容包括福建事变发生前后的函电，生产人民党发起人签名帖、召开会议和成立新政权的文件、照片，官员的委任状，以及《人民时报》、《人民晚报》（创刊号）等，较为系统地反映了这场重大政治事件的过程，具有重要的历史研究价值。

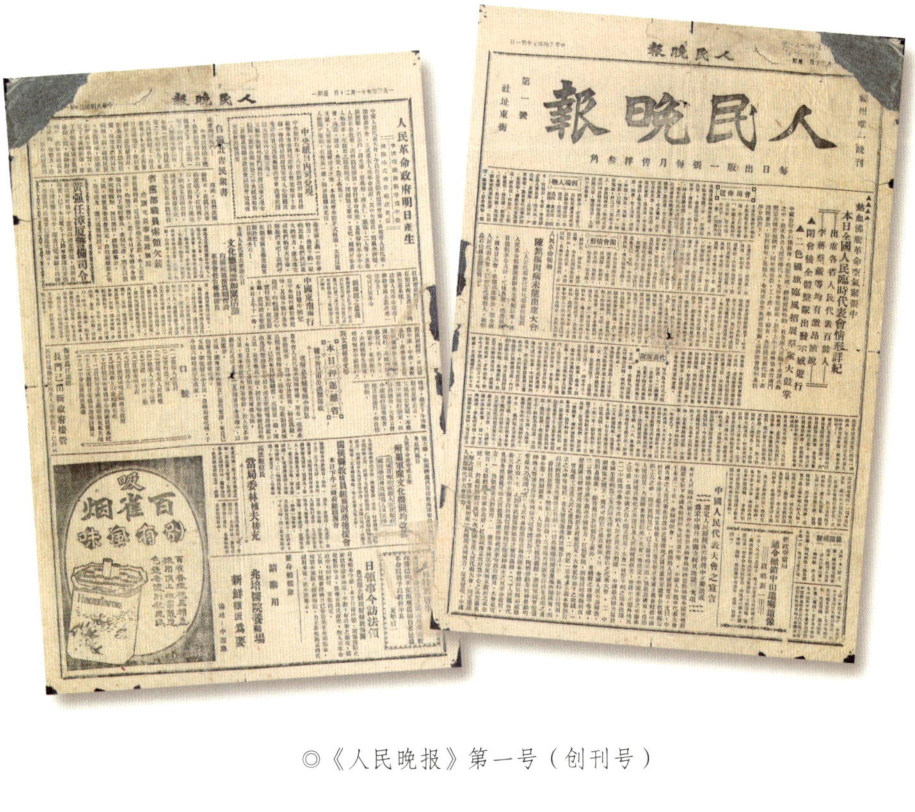

◎《人民晚报》第一号（创刊号）

◎中国全国人民临时代表大会

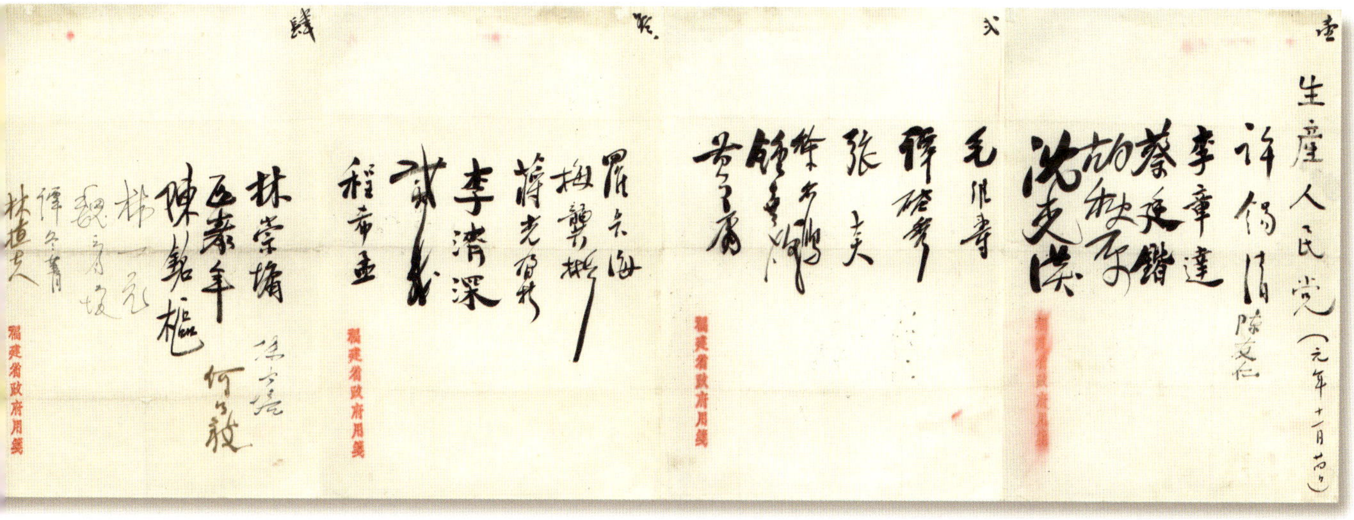

◎生产人民党成员签名

档案文献名称 《十八罗汉渡海图》

档案文献形成年代 1935年

档案文献数量 1件

档案文献保存者 莆田市仙游县档案馆

地址 福建省莆田市仙游县党校路正觉巷38号

邮编 351200

档案文献内容及评介

该文献系仙游著名画家李霞于1935年在上海所作的长幅画卷，画作采用行云流水技法，生动描绘了十八罗汉渡海时的情景，图中人物神情各异，千姿百态，笔法变化多端，苍劲有力，充分体现了中国画传统线描法的特点。画卷上有林森、于右任、黄葆戉、许世英等著名人士的题词或跋，具有重要的历史研究价值和文物收藏价值。

◎《十八罗汉渡海图》（局部）

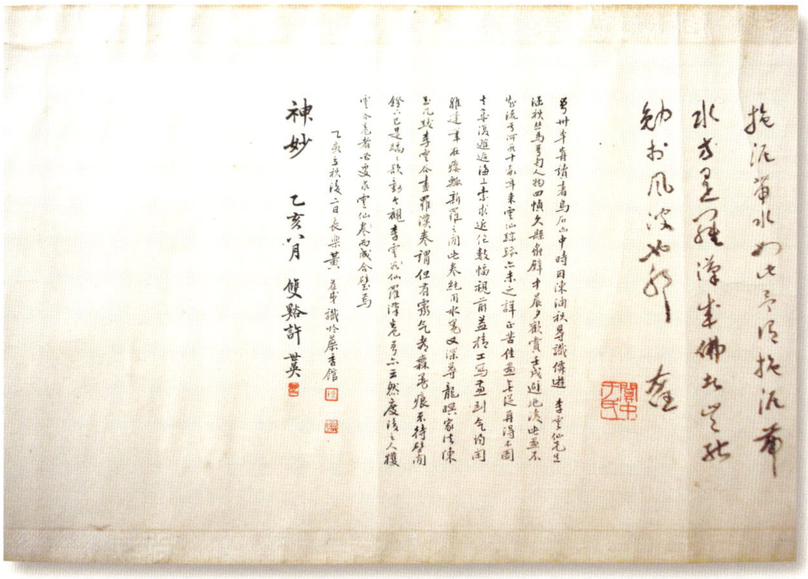

◎《十八罗汉渡海图》中于右任、黄葆戉、许世英题词部分

档案文献名称	民国时期武夷茶获奖奖状
档案文献形成年代	1935年
档案文献数量	1件
档案文献保存者	武夷山市档案馆
地　　址	福建省武夷山市文化宫路11号
邮　　编	354300

档案文献内容及评介

该档案系民国二十四年（1935年）崇安县武夷茶获福建省政府颁发的福建省特产竞赛会一等奖的奖状，是现存最早的政府对武夷茶品质认定的证书，为了解民国时期武夷茶的生产发展提供了重要的文献依据。

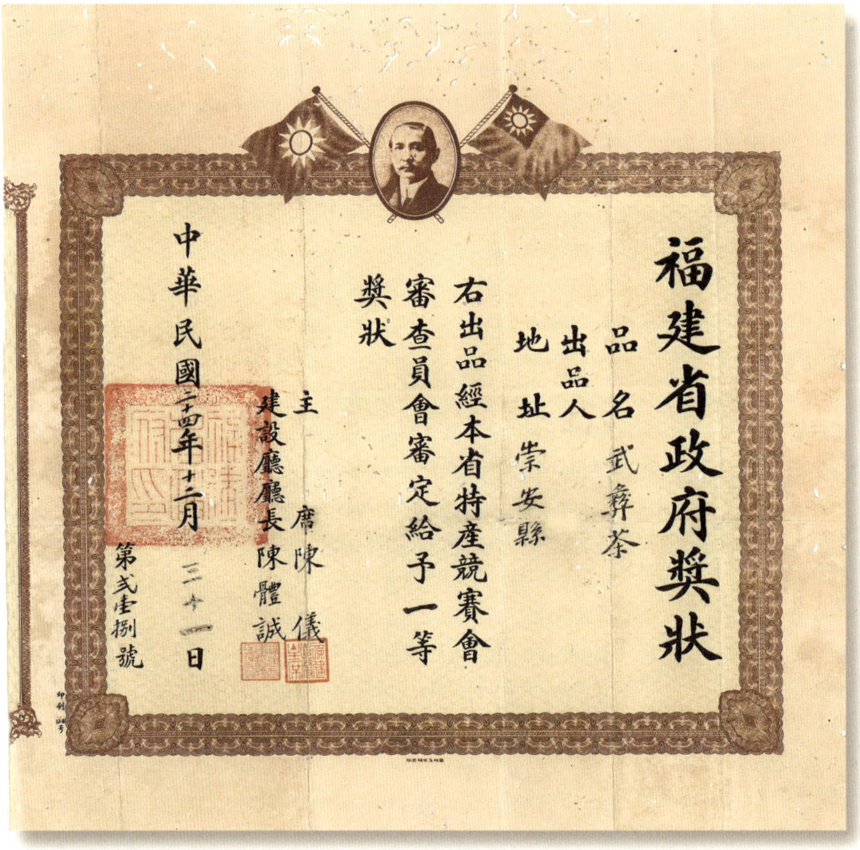

◎1935年崇安县武夷茶获福建省政府颁发的福建省特产竞赛会一等奖的奖状

档案文献名称 《海澄县己卯志稿本》
档案文献形成年代 1935年
档案文献数量 4册
档案文献保存者 漳州市档案馆
地　　址 福建省漳州市芗城区芝山路49号重竞技馆C区
邮　　编 363000

档案文献内容及评介

该志编纂于民国二十四年（1935年），未曾刊印公开发行，为编纂者用小楷亲手书写的孤本，字体清秀。共有4册14卷，分大事记、匪患、赋税、徭役、秩官、学校、政治、兵防、选举、风土、法规、交通、乡镇、丛谈等，是新中国成立前海澄县最后一部县志稿，是研究清代及民国时期海澄县政治、经济、文化、社会的珍贵史料。

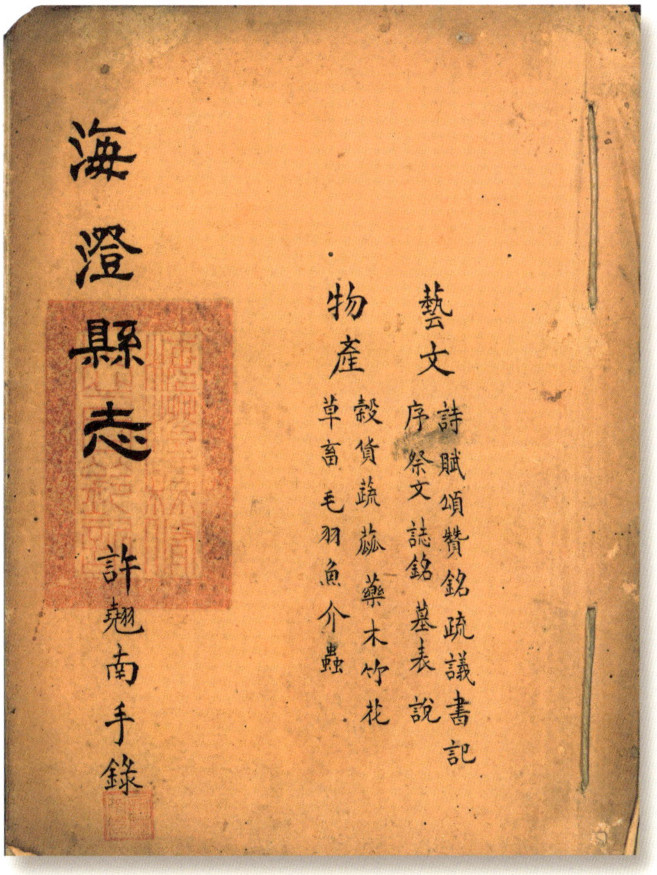

◎1935年《海澄县己卯志稿本》

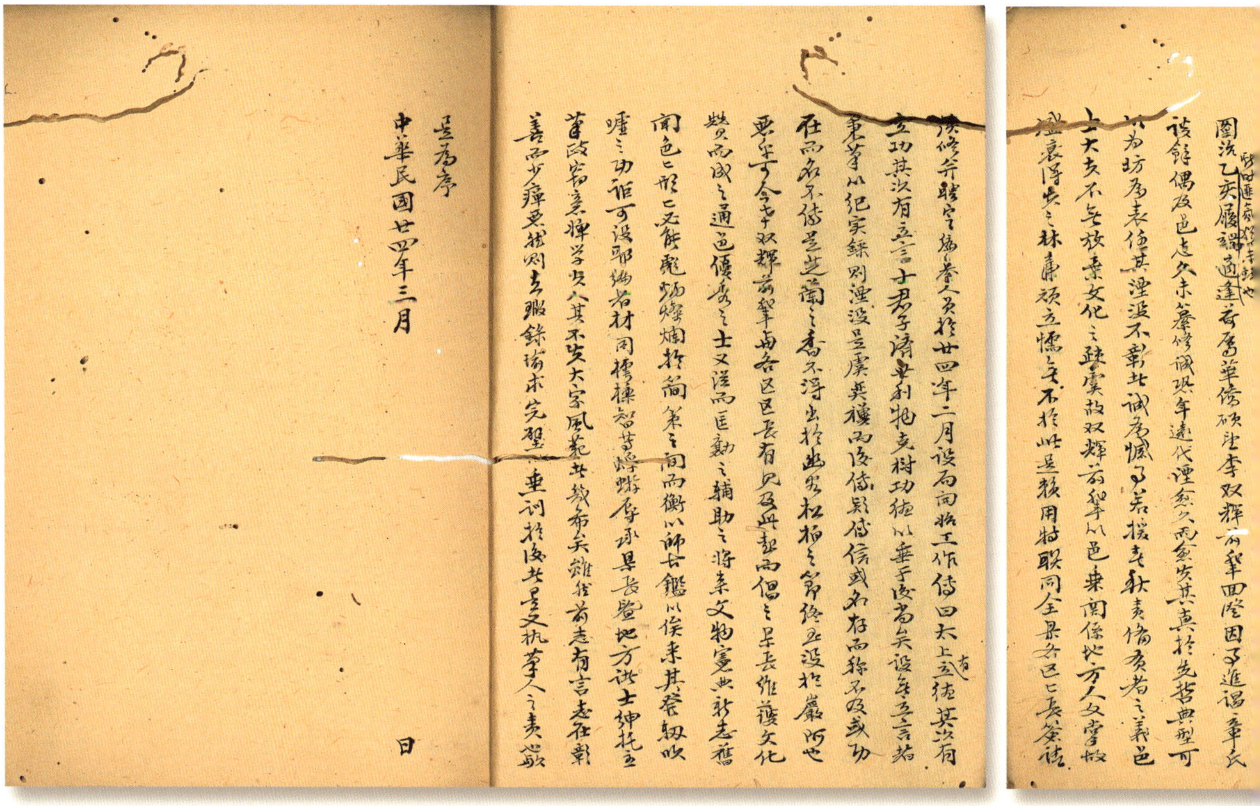

◎《海澄县己卯志稿本》序言

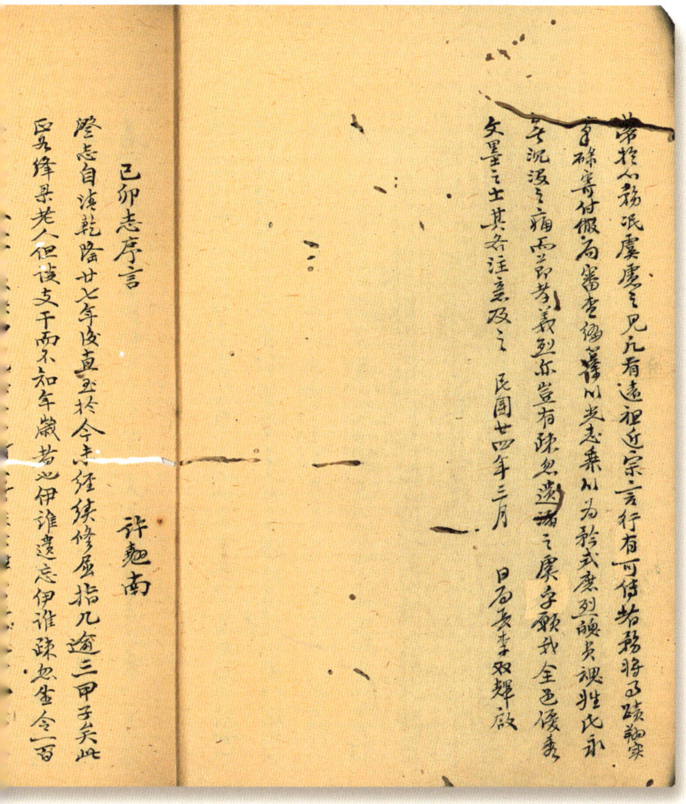
常於公務派廣處之見凡有遠祖近宗言行有可傳者務將子孫搜案
子孫寄付假為家書錄據以來志乘以為形式處列頌贊視雅比承
于沉淪之痛而忠節孝義烈亦豈有疏忽遺漏之虞乎願我全邑後彥
文墨之士其各注意及之　民國廿四年三月　日局長李雙輝啟

己卯志序言　許勉南
澄志自清乾隆廿七年改直至於今未經續修屈指凡逾三甲子矣此
邑各鄉老人但談文于而不知年歲若也伊誰遺忘伊誰疏忽焉今一百

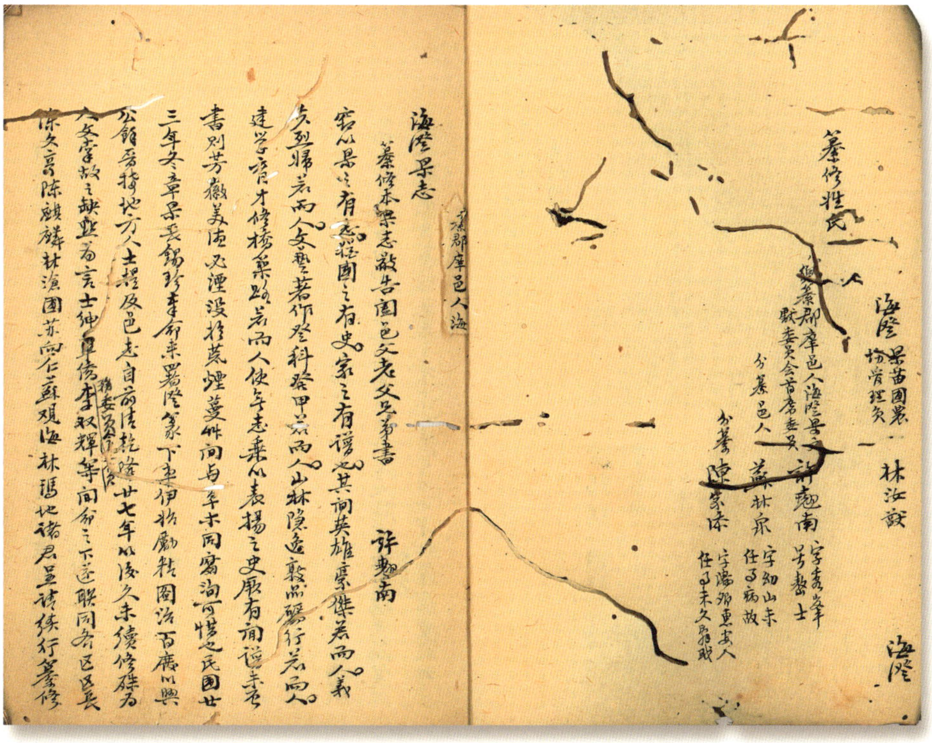
海澄縣志
纂修本縣志啟告闔邑父老兄弟書　許勉南
竊以縣之有志猶國之有史家之有譜也其間英雄豪傑義烈而人
其烈婦貞女而人文蔚若作登科發甲業而人山林隱逸敦品勵行若而人
建學育才修橋築路若而人俱由志乘以表揚之史冊有稽譜牒
書列芳徽美德必湮沒於荒煙蔓草間而與草木同腐詢可惜也民國廿
三年冬本縣長鄧耀李前來署澄篆下車伊始勵精圖治百廢以興
公餘每接地方人士談及邑志自前清乾隆廿七年以後久未續修殊為
人文掌故之缺點爰為言士紳[illegible]李雙輝等商同各區區長
陳文育陳朝麟林藻周蔚而仁蘇觀海林瑞池諸君呈請續行纂修

纂修姓氏
海澄縣當國署　協修理負　林汝[illegible]
許勉南
林家[illegible]
陳家[illegible]
海澄

◎《海澄县己卯志稿本》内页

档案文献名称	民国时期福建省公务员履历表
档案文献形成年代	民国时期
档案文献数量	107965件
档案文献保存者	福建省档案馆
地　　址	福建省福州市大学城中心共享区明德路2号
邮　　编	350108

档案文献内容及评介

1935年，福建省政府主席陈仪力推改进人事制度，实行公务员考核、任免制度化，这一改革得到国民政府的认可，并在全国推行。该档案系统地记录了民国时期福建省政府公务员队伍的基本情况，其中反映了一些著名历史人物在福建期间的活动轨迹，如陈仪、郁达夫、严家淦等，是研究这一时期福建省地方人事制度及著名人物活动情况的珍贵史料。

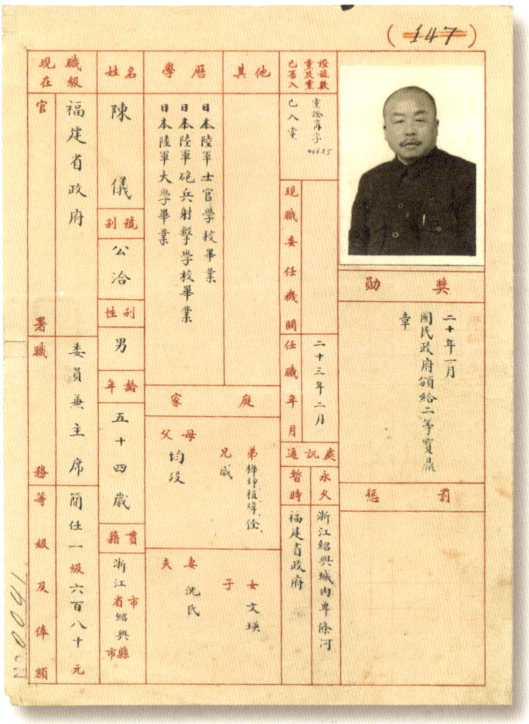

◎陈仪履历卡正面

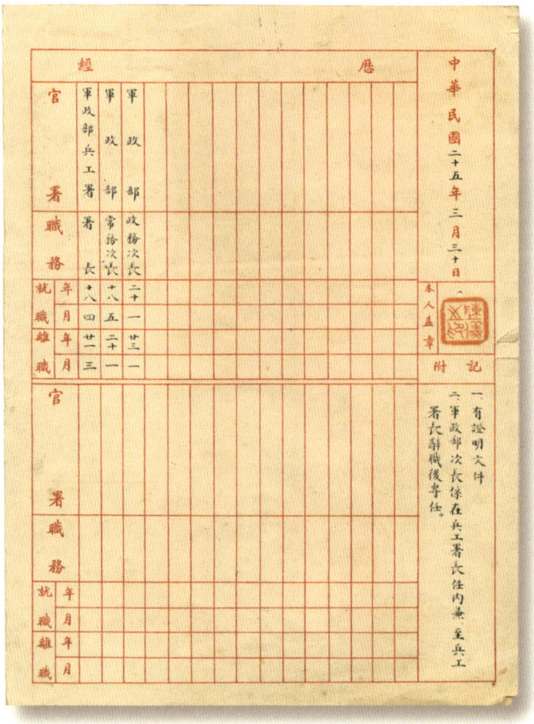

◎陈仪履历卡背面

（601）

已否入黨及黨證號數	無所屬
現職委任機關	福建省政府
現職委任年月	廿五年六月十三
永久通訊處	杭州大學路場官衖六五
暫時通訊處	南臺青年會
其他	審查合格 中山大學教授經各聘任委員會 曾任國立北京大學武漢大學廣州
學歷	畢業 日本東京帝國大學經濟學部
家庭	兄弟 華浩；父母 亡 陸氏；子女 二；夫妻 王映霞
姓名	郁達夫
別號	
性別	男
年齡	四十一歲
籍貫	浙江省 富陽縣
現在職級 官署	福建省政府
職務	秘書處公報室主任
等級及俸額	級 元
獎勵	
懲罰	

◎郁达夫履历卡正面

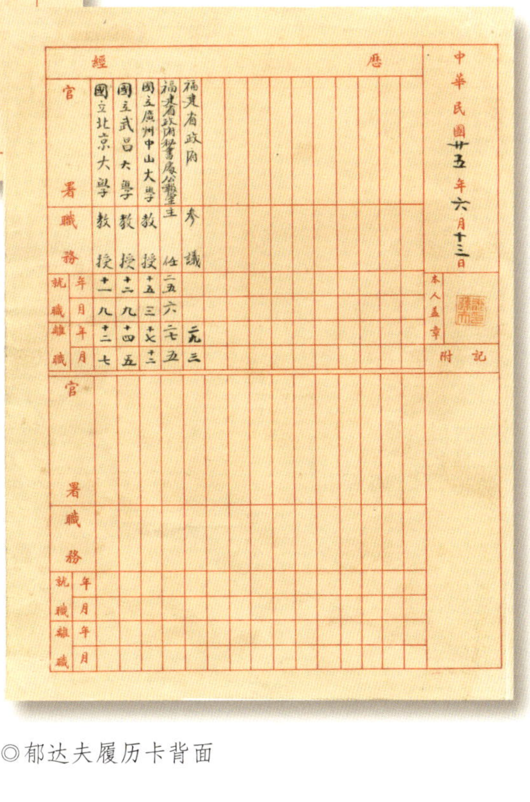

經歷 官署	職務	就職 年	就職 月	離職 年	離職 月
福建省政府	參議			二九	三
福建省政府秘書處公報室	主任	二五	六	二七	五
國立廣州中山大學	教授	十五	三	十七	十二
國立武昌大學	教授	十二	九	十四	五
國立北京大學	教授	十一	九	十二	七

中華民國廿五年六月十三日

本人蓋章

附記

◎郁达夫履历卡背面

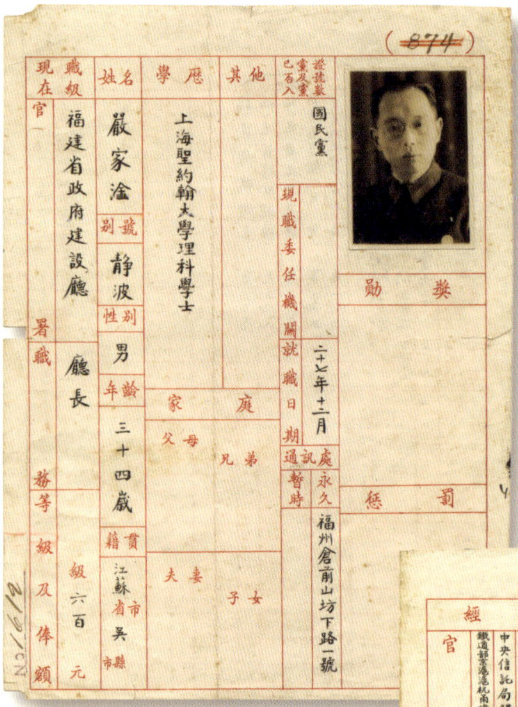

(874)

現在職級	姓名	學歷	其他	
官：福建省政府建設廳	嚴家淦	上海聖約翰大學理科學士	國民黨	
署職：廳長	別號：靜波		現職委任機關	
務等	性別：男		就職日期：二十七年十二月	
級及俸額：級 六百 元	年齡：三十四歲		通訊處 永久：福州倉前山坊下路一號	
	籍貫：江蘇省 吳 市縣		暫時	
家庭	父 母	兄 弟	夫 妻	子 女
獎勵				
懲罰				

N31612

◎严家淦履历卡正面

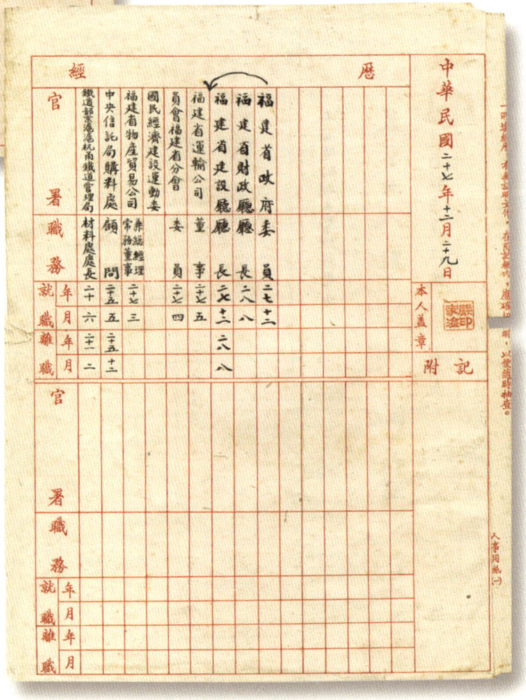

經歷

官署職務	就職年	就職月	離職年	離職月
福建省政府委員	二七	十二		
福建省財政廳廳長	二八	八		
福建省建設廳廳長	二七	十二	二八	八
福建省運輸公司董事	二十七	五		
國民經濟建設運動委員會福建省分會委員	二十七	四		
福建省物產貿易公司常務董事兼總經理	二十七	三		
中央信託局購料處顧問	二十五	五	二十五	十二
鐵道部京滬滬杭甬鐵道管理局材料處處長	二十	六	二十一	二

中華民國二十七年十二月二十九日

本人蓋章：嚴家淦印

附記

◎严家淦履历卡背面

档案文献名称 民国时期安溪民办汽车路股份有限公司档案

档案文献形成年代 1937年－1939年

档案文献数量 95卷

档案文献保存者 泉州市安溪县档案馆

地　　址 福建省泉州市安溪县金融行政服务中心6号楼B幢7层

邮　　编 362400

档案文献内容及评介

该档案较为系统地记录了由安溪籍华侨投资兴办的安溪民办汽车路股份有限公司修建安溪第一条公路——安（溪）同（安）公路的过程和运营情况，内容涉及站点建设、设备购置、货运和客运业务、财务状况，以及参与战时运粮、认购救国债券等方面的情况，是研究福建交通发展史和民国时期华侨投资企业经营管理体制的重要史料。

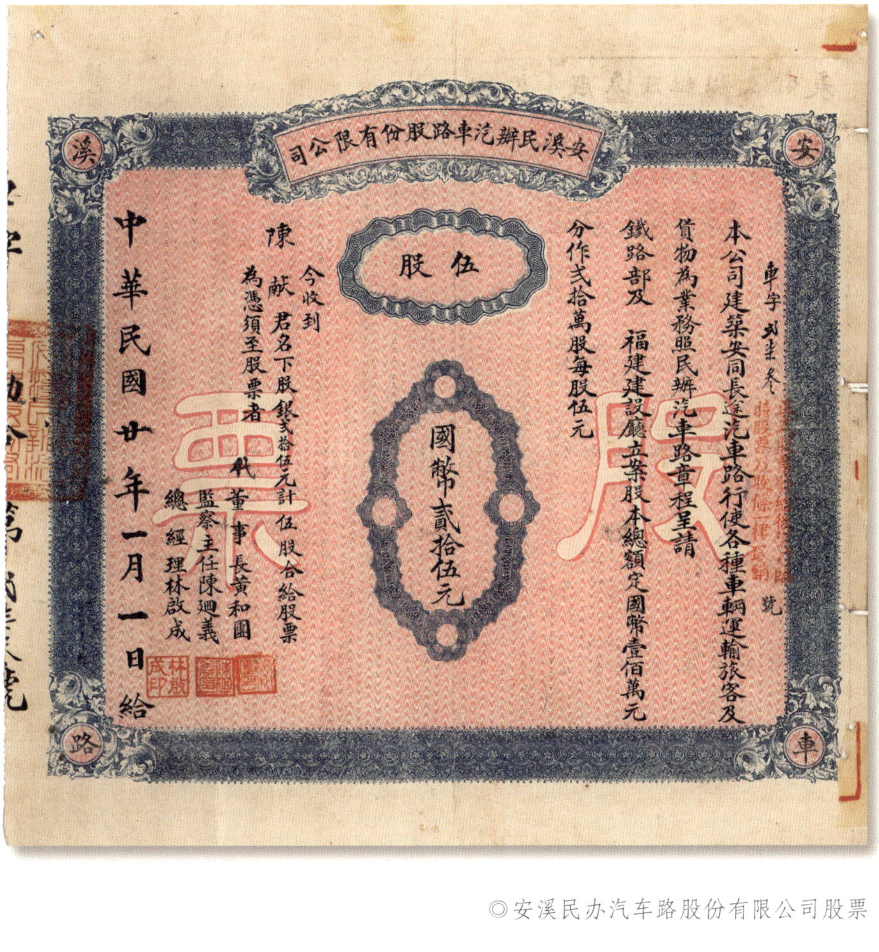

安溪民辦汽車路股份有限公司

本公司建築安同長途汽車路行使各種車輛運輸旅客及
貨物為業務照民辦汽車路章程呈請
鐵路部及　福建建設廳立案股本總額定國幣壹佰萬元
分作弍拾萬股每股伍元

伍股

國幣貳拾伍元

股票

今收到
陳　献　君名下股銀弍拾伍元計伍股合給股票
為憑須至股票者
代　董事長黃和國
監察主任陳廻義
總經理林啟成

中華民國廿年一月一日給

◎安溪民办汽车路股份有限公司股票

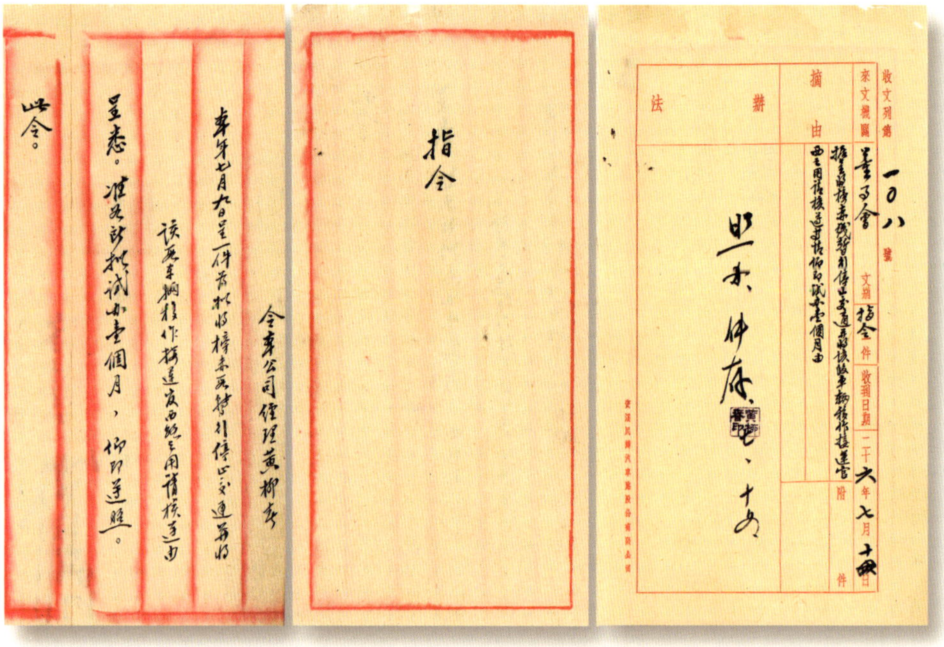

◎安溪民办汽车路股份有限公司董事会关于榜赤线停运并将该段车辆调整为官西路使用的指令

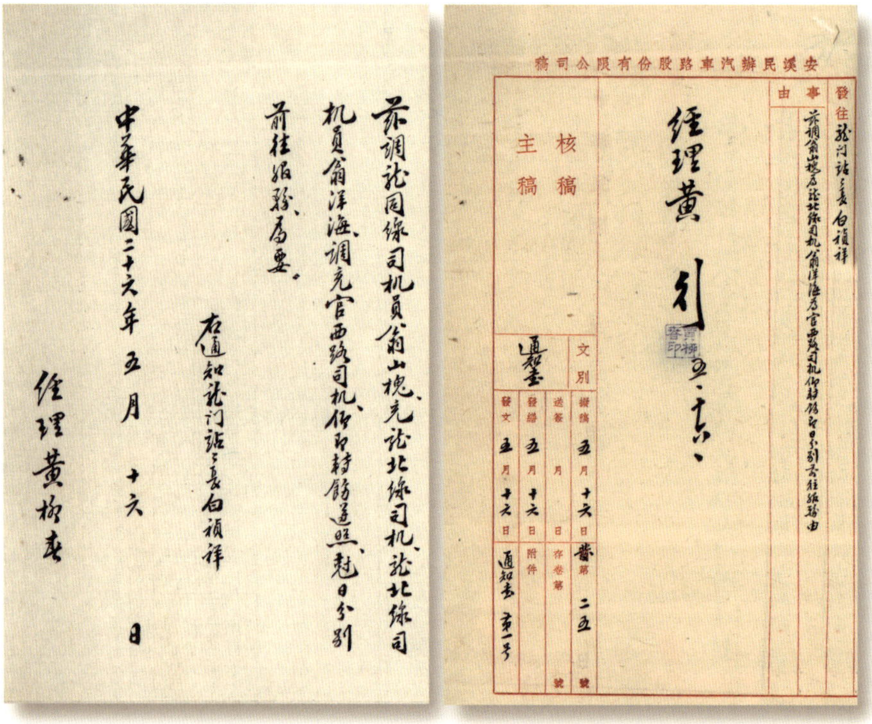

◎关于翁山槐、翁洋海两名司机调动的通知

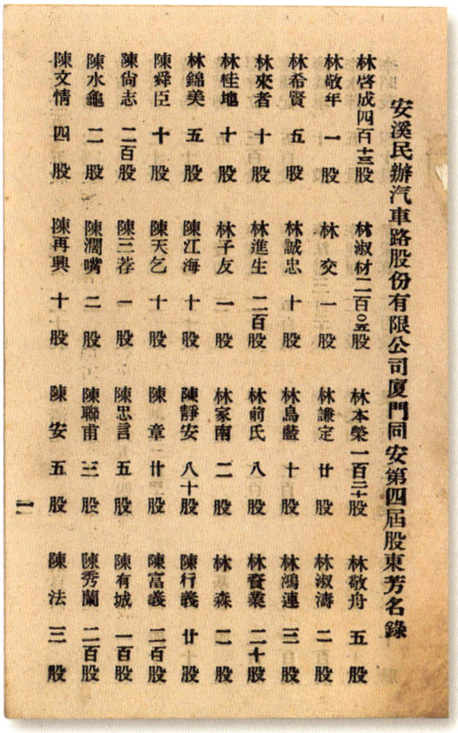

安溪民辦汽車路股份有限公司廈門同安第四届股東芳名錄

林啓成四百十三股	林淑材二百五十股	林本榮一百二十股	林敬舟五股
林敬年一股	林交一股	林謙定廿股	林淑濤二股
林希賢五股	林誠忠十股	林鳥藍十股	林鴻連三股
林來者十股	林進生二百股	林前氏八股	林養業二十股
林桂地十股	林子友一股	林家南二股	林森二股
林錦美五股	陳江海十股	陳靜安八十股	陳行義廿股
陳舜臣十股	陳天乞十股	陳章廿股	陳富義二百股
陳尚志二百股	陳三荐一股	陳忠言五股	陳有城一百股
陳水龜二股	陳潤嘴二股	陳聯甫三股	陳秀蘭二百股
陳文情四股	陳再興十股	陳安五股	陳法三股

二

◎安溪民办汽车路股份有限公司厦门同安第四届股东芳名录

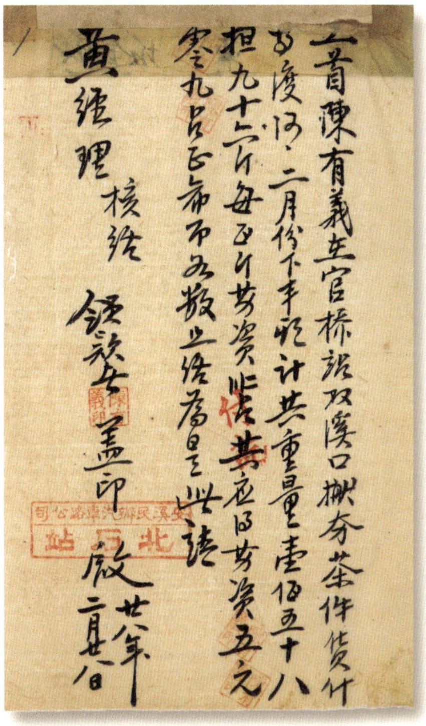

◎安溪民办汽车路股份有限公司支出传票

档案文献名称	台湾义勇队档案
档案文献形成年代	1937年–1946年
档案文献数量	135件
档案文献保存者	福建省档案馆
地　　址	福建省福州市大学城中心共享区明德路2号
邮　　编	350108

档案文献内容及评介

台湾义勇队成立于1939年2月，是一支主要由在闽爱国台胞组成、活跃在东南沿海省份、有正规军编制的抗日队伍，为全民族抗战的最后胜利和台湾回归祖国做出了突出贡献。该档案较为系统地记录了台湾义勇队的活动情况，内容包括抗战期间台胞参加台湾义勇队情况、台湾义勇队抗日活动及抗战结束后其队员情况等，是研究海峡两岸同胞血脉相连、共同抗日的重要史料。

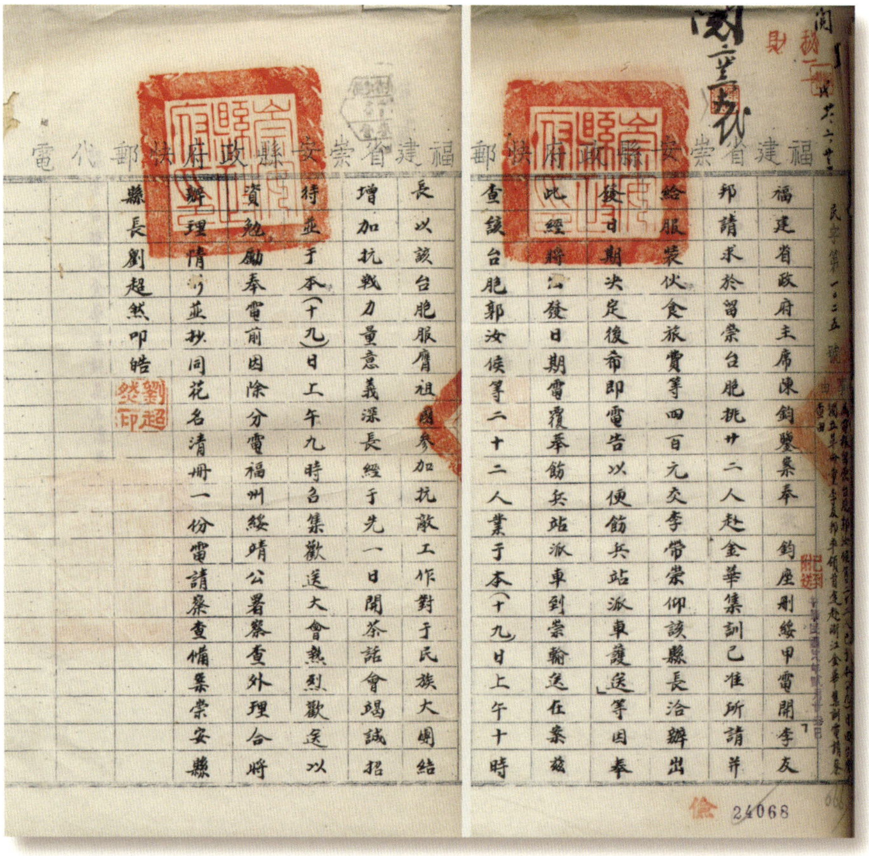

福建省崇安縣政府快郵代電

福建省政府主席陳鈞鑒案奉
鈞座刪綏甲電開李友
邦請求於留崇台胞挑廿二人赴金華集訓已准所請并
給服裝伙食旅費等四百元交李帶崇仰該縣長洽辦出
發日期決定後希即電告以便飭兵站派車護送等因奉
此經將出發日期電覆奉飭兵站派車到崇輸送在案茲
查該台胞郭汝候等二十二人業于本(十九)日上午十時
長以該台胞服膺祖國參加抗敵工作對于民族大團結
增加抗戰力量意義深長經于先一日開茶話會竭誠招
待並于本(十九)日上午九時召集歡送大會熱烈歡送以
資勉勵奉電前因除分電福州綏靖公署察查外理合將
辦理情形並抄同花名冊一份電請察查備案崇安縣
縣長劉超然叩皓

◎1939年2月崇安县政府关于首批22名台胞赴浙江参加台湾义勇队的快邮代电

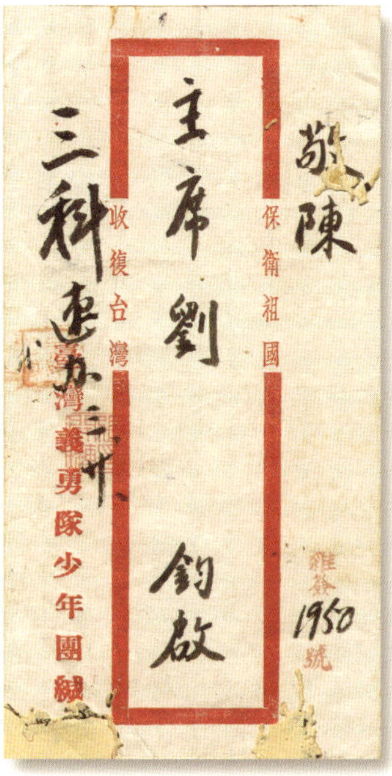

◎台湾义勇队少年团信封

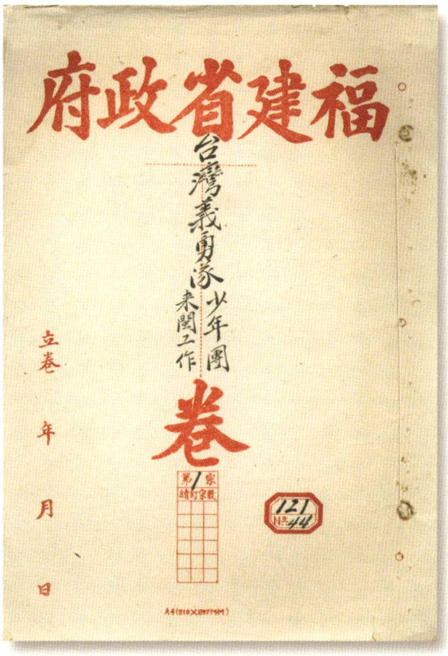

◎有关台湾义勇队少年团在闽活动的档案

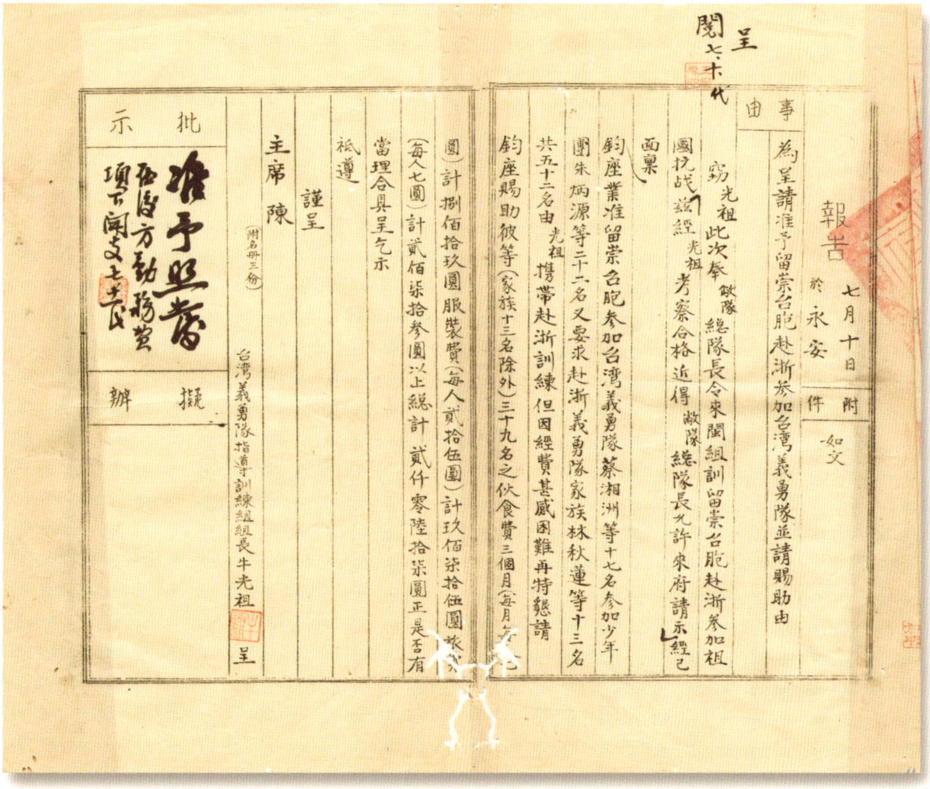
事由：為呈請准予留崇台胞赴浙參加台灣義勇隊並請賜助由

報告 七月十日 於永安

附件：如文

竊先祖此次奉敝隊總隊長令來閩組訓留崇台胞赴浙參加祖國抗戰經先祖考察合格近得敝隊總隊長允許來府請示經已面稟鈞座業准留崇台胞參加台灣義勇隊蔡湘洲等十七名參加少年團朱炳源等二十二名又要求赴浙義勇隊家族林秋蓮等十三名共五十二名由先祖携帶赴浙訓練但因經費甚感困難再持懇請鈞座賜助彼等（家族十三名除外）三十九名之伙食費三個月（每月每人……圓）計捌佰拾玖圓服裝費（每人貳拾伍圓）計玖佰柒拾伍圓旅費（每人七圓）計貳佰柒拾參圓以上總計貳仟零陸拾柒圓正是否有當理合具呈乞示祇遵

謹呈

主席陳

（附名冊三份）

台灣義勇隊指導訓練組長牛先祖 呈

批示：准予照發 函省方勤務處 項下開支

擬辦

◎台湾义勇队指导训练组关于请求留崇台胞赴浙参加台湾义勇队并予以资助的报告

档案文献名称	民国时期龙溪县商会档案
档案文献形成年代	1938年—1949年
档案文献数量	144卷
档案文献保存者	龙海市档案馆
地址	福建省龙海市海澄镇民政路27号
邮编	363102

档案文献内容及评介

龙溪县，福建省旧地名，大致位于今漳州市、龙海市，旧时是闽南经济较发达的地区。该档案较为完整地反映了龙溪县商会的发展情况，内容涉及1938年至1949年期间龙溪商会行业同会管理、市场价格监管、商品生产销售指导等方面，是福建省现存的较为完整的县级商会档案。

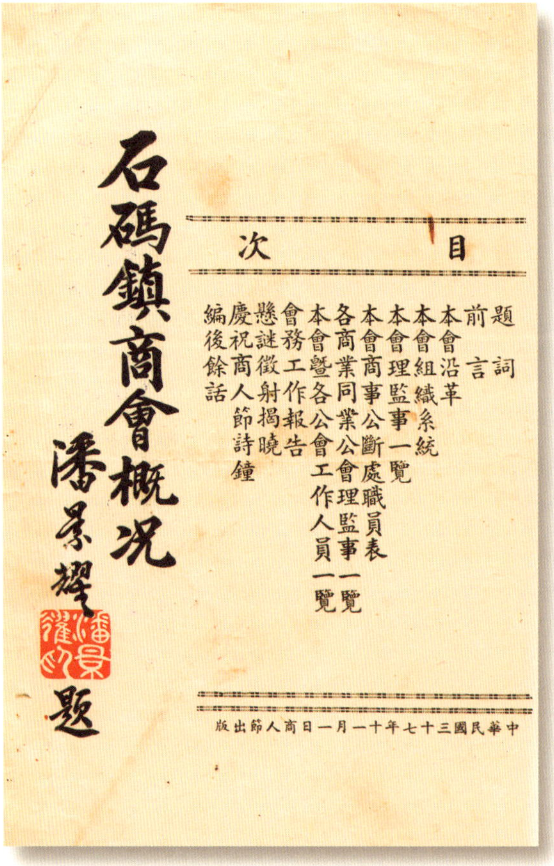
石碼鎮商會概況

潘景耀題

目次

題詞
前言
本會沿革
本會組織系統
本會理監事一覽
本會商事公斷處職員表
各商業同業公會一覽
本會暨各公會工作人員一覽
會務工作報告
懸謎徵射揭曉
慶祝商人節詩鐘
編後餘話

中華民國三十七年十一月一日商人節出版

◎《石码镇商会概况》

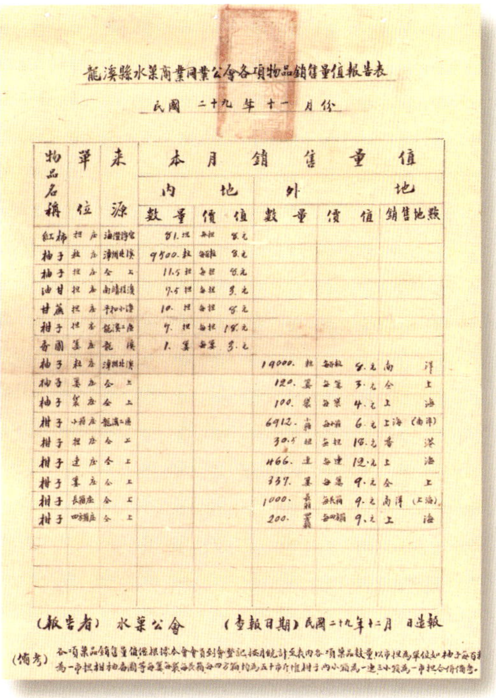

龍溪縣水菓商業同業公會各項物品銷售量值報告表

民國二十九年十一月份

物品名稱	單位	來源	本月銷售量值 內地 數量	內地 價值	外地 數量	外地 價值	外地 銷售地點
紅柿	担	海澄浮宮	81.担	每担 8.元			
柚子	粒	漳州北溪	9500.粒	每百粒 8.元			
柚子	担	仝上	11.5担	每担 8.元			
油甘	担	南靖推溪	7.5担	每担 3.元			
甘蔗	担	平和小溪	10.担	每担 8.元			
柑子	担	龍溪二區	7.担	每担 18.元			
香圓	簍	龍溪	1.簍	每簍 3.元			
柚子	粒	漳州北溪			19000.粒	每百粒 8.元	南洋
柚子	簍	仝上			120.簍	每簍 3.元	仝上
柚子	袋	仝上			100.袋	每袋 4.元	上海
柑子	小箱	龍溪二區			6912.箱	每箱 6.元	上海(南洋)
柑子	担	仝上			30.5担	每担 18.元	香港
柑子	速	仝上			466.速	每速 12.元	上海
柑子	簍	仝上			337.簍	每簍 9.元	仝上
柑子	長箱	仝上			1000.長箱	每長箱 9.元	南洋(上海)
柑子	四方箱	仝上			200.四方箱	每四方箱 9.元	上海

(報告者) 水菓公會　(查報日期) 民國二十九年十二月　日造報

(備考) 各項菓品銷售量值係根據本會會員到會登記按月統計表內各項菓品數量以市担為單位如柚子每百粒為一市担柑柚香圓等每簍每袋每長箱每四方箱均為五十市斤惟柑子內小箱為一速三小箱為一市担合併備考。

◎1940年11月龙溪县水果商业同业公会各项物品销售量值报告表

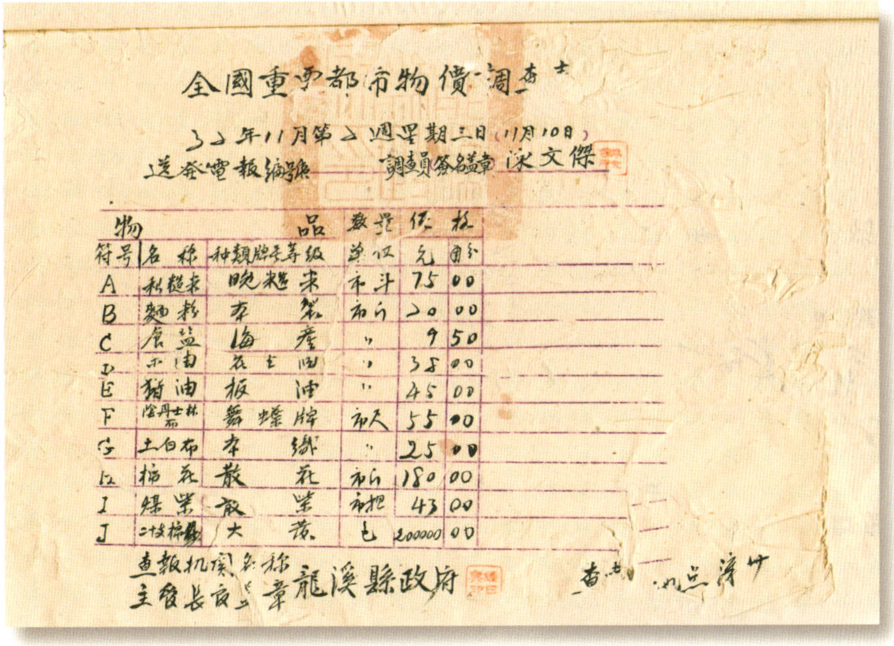

全國重要都市物價調查表

32年11月第2週星期三日(11月10日)

送發電報編號　調查員簽名蓋章 沈文傑

物品 符号	名稱	種類牌子等級	數量 單位	價格 元	角分
A	秈糙米	晚糙米	市斗	75	00
B	麵粉	本製	市斤	20	00
C	食盐	海產	〃	9	50
D	生油	花生油	〃	38	00
E	豬油	板油	〃	45	00
F	陰丹士林布	[illegible]蝶牌	市尺	55	00
G	土白布	本織	〃	25	00
H	棉花	散花	市斤	180	00
I	綠茶	散茶	市[illegible]	43	00
J	二十支棉紗	大[illegible]	包	200000	00

查報機關名稱 主管長官蓋章 龍溪縣政府

◎1943年11月龙溪县物价情况调查表

档案文献名称	民国时期福建省政府南洋侨胞慰问团影集
档案文献形成年代	1939年
档案文献数量	2册（119张）
档案文献保存者	三明市大田县档案馆
地址	福建省三明市大田县均溪镇凤山西路40号
邮编	366100

档案文献内容及评介

1939年6月，中国著名音乐家、旅菲爱国华侨蔡继琨率领“福建省政府南洋侨胞慰问团”远赴菲律宾、新加坡等地进行抗日宣传、慰问演出，为中国抗战募捐，极大地鼓舞了华侨支援祖国抗战的热情，募捐到大笔款项用于购买军火和物资，支援前线抗敌。该影集系统完整地记录了福建省政府组建的南洋侨胞慰问团出访活动的场景，反映爱国华侨支持祖国抗战事业的历史事实，是闽籍华侨爱国爱乡具有代表意义的档案文献，具有重要的的史料价值。

◎福建省政府主席陈仪（前排左九）与慰问团团员合影

◎蔡继琨（前排左十）率慰问团成员造访中菲国民协会总会，与该会会长、侨领曾廷泉（前排左九）等合影

◎蔡继琨率慰问团在马尼拉举行第一次宣传大会，台下过道左为曾廷泉，右为莫介恩领事（“抗战外交九烈士”之一）

档案文献名称	宁德县丘地联络图
档案文献形成年代	1941年
档案文献数量	38卷
档案文献保存者	宁德市蕉城区档案馆
地　　　址	福建省宁德市蕉城区815中路7号
邮　　　编	352100

档案文献内容及评介

该档案是一组形成于1941年的宁德县丘地测绘图，内容包括当时全县水田、农地、房产、基地联络图，每幅图既有测量图表，又附有文字和数据说明，系统全面地反映了当时宁德县地貌概况和乡镇村庄的土地分布情况，具有重要的研究价值。

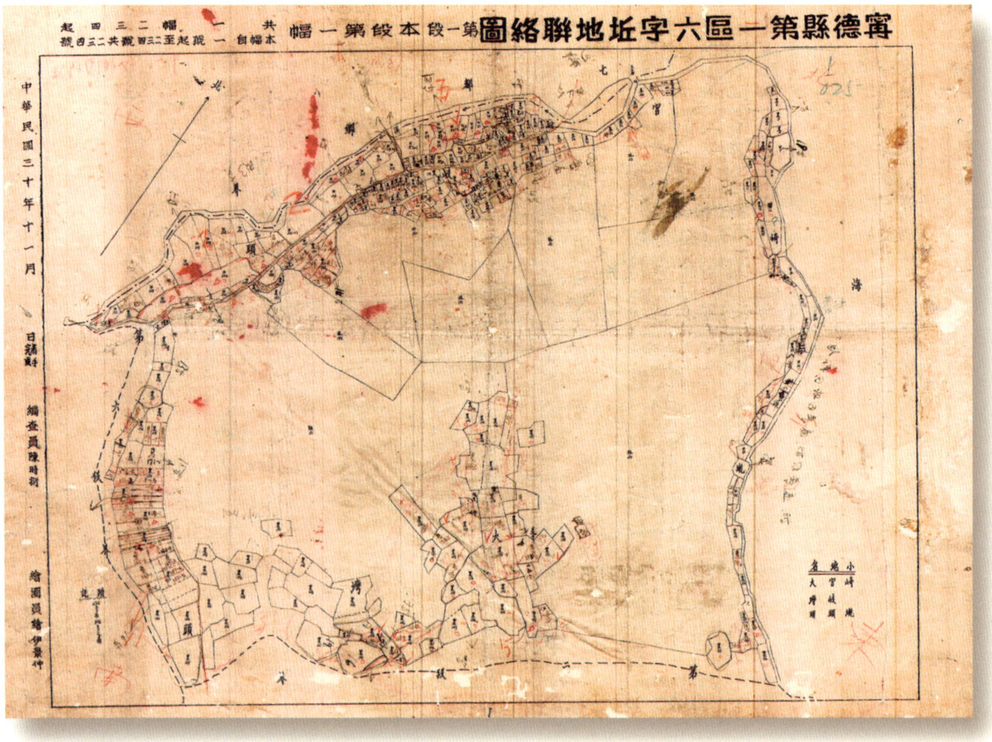

◎宁德县第一区六字丘地联络图第一段第一幅

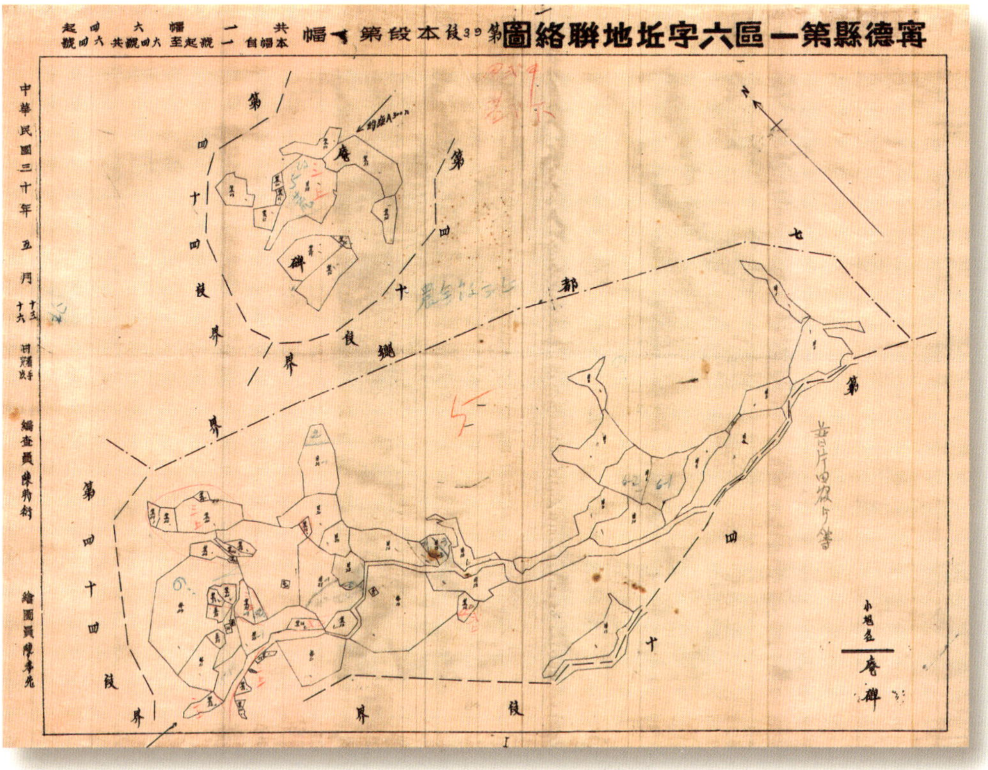

◎宁德县第一区六字丘地联络图第三十九段第一幅

档案文献名称 莆田县私立涵中初级中学筹集基金案档案
档案文献形成年代 1942年—1949年
档案文献数量 119件
档案文献保存者 莆田市涵江区档案馆
地址 福建省莆田市涵江区国欢东路住建局大院
邮编 351111

档案文献内容及评介

莆田县私立涵中初级中学是莆田六中的前身，创办于1924年。1942年学校为筹集办学资金，经莆田县涵江区署同意，由各乡镇向各保劝募，将战时军需公债票交移学校作为基金。后被举报学校强行截留公债债票，校长将之以私人名义存入银行，由此引发官司。该档案系统完整地记录了呈控与查证的过程，主要内容包括学校和各级政府对呈控的查证、反馈、结论等往来文书，战时军需公债收据以及认购公债者将军需公债票捐赠该中学作为基金的材料等，反映了战时特定时期办学的艰辛，具有重要的研究价值。

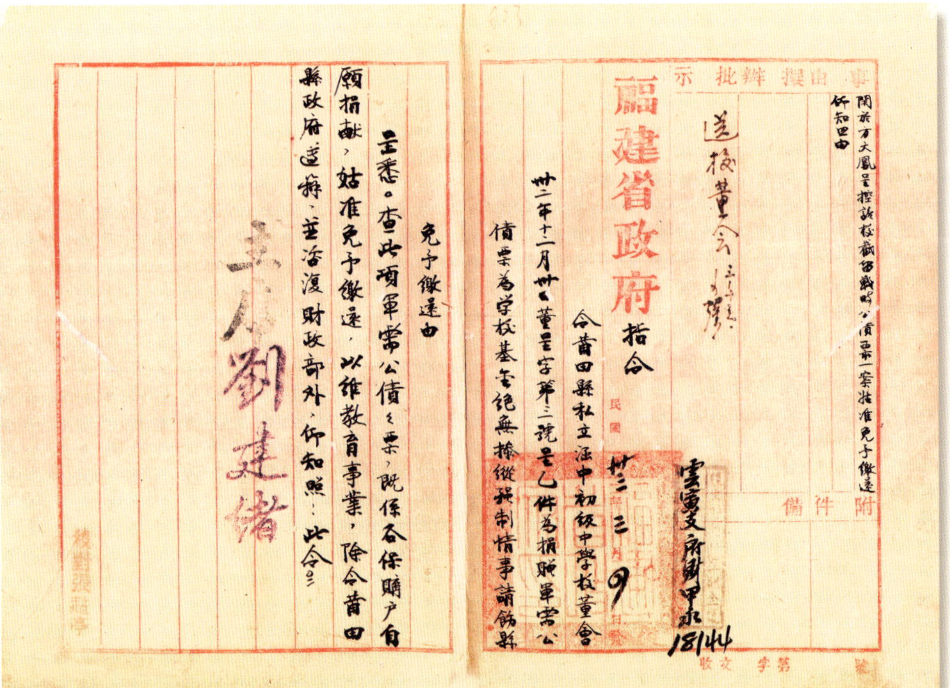
福建省政府 指令
令莆田縣私立涵中初級中學校董會
卅三年十二月廿一董呈字第三號呈乙件為捐贈軍需公債票為學校基金絕無擅縱抵制情事請飭縣
免予繳還由
呈悉。查此項軍需公債之票既係各保贖户自願捐献，姑准免予繳還，以作教育事業，除令莆田縣政府遵辦，並咨復財政部外，仰知照。此令。
主席 劉建緒

◎民国三十三年（1944年）福建省政府主席刘建绪对私立涵中初级中学筹集基金案的指令

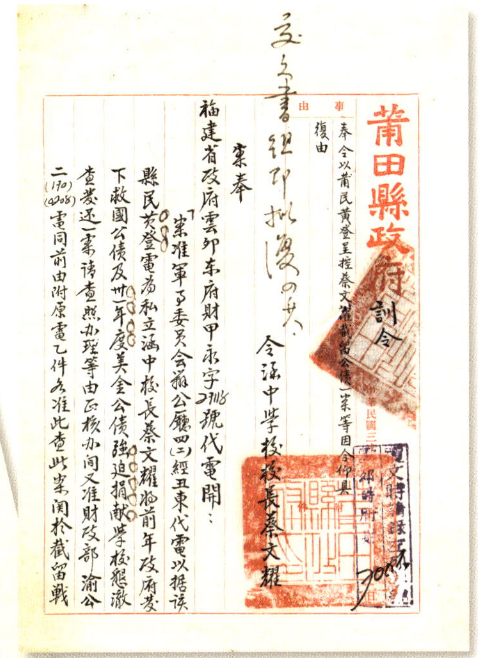

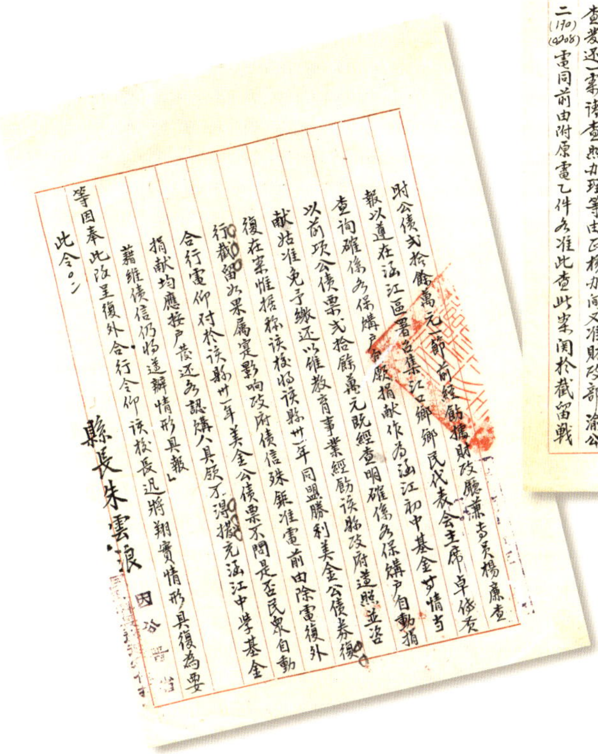

◎ 民国三十三年（1944年）莆田县政府因莆民黄登呈控蔡文耀截留公债一案奉令要求私立涵中初级中学校长蔡文耀回复翔实情形

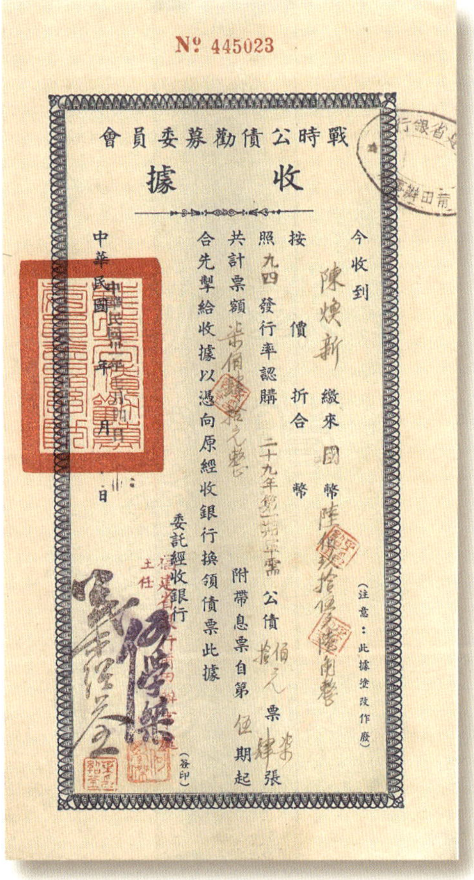

№ 445023

戰時公債勸募委員會

收據

今收到 陳煥新 繳來國幣
按 債 折合 幣
照九四發行率認購 二十九年第二期軍需 公債 票 張
共計票額 附帶息票自第 期起
合先掣給收據以憑向原經收銀行換領債票此據
委託經收銀行 (簽印)
中華民國 年 月 日
（注意：此據塗改作廢）

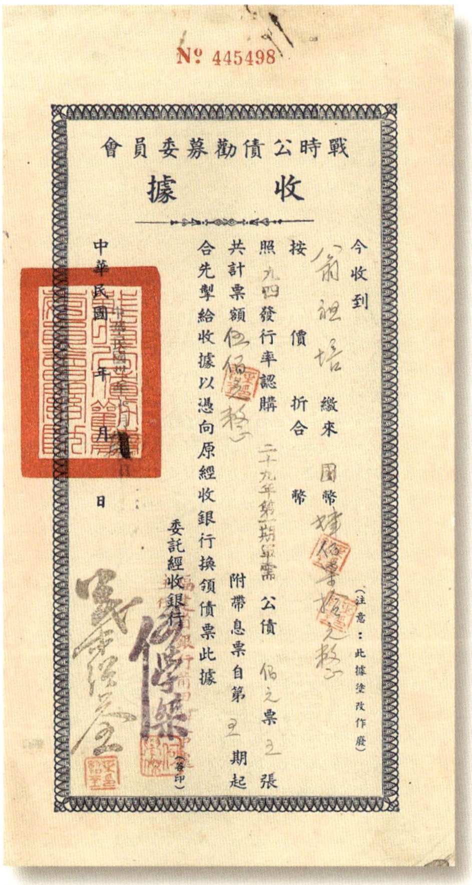

№ 445498

戰時公債勸募委員會

收據

今收到 翁祖培 繳來國幣
按 債 折合 幣
照九四發行率認購 二十九年第二期軍需 公債 票 張
共計票額 附帶息票自第 期起
合先掣給收據以憑向原經收銀行換領債票此據
委託經收銀行 (簽印)
中華民國 年 月 日
（注意：此據塗改作廢）

◎战时公债劝募委员会收据（图左–陈焕新、图右–翁祖培）

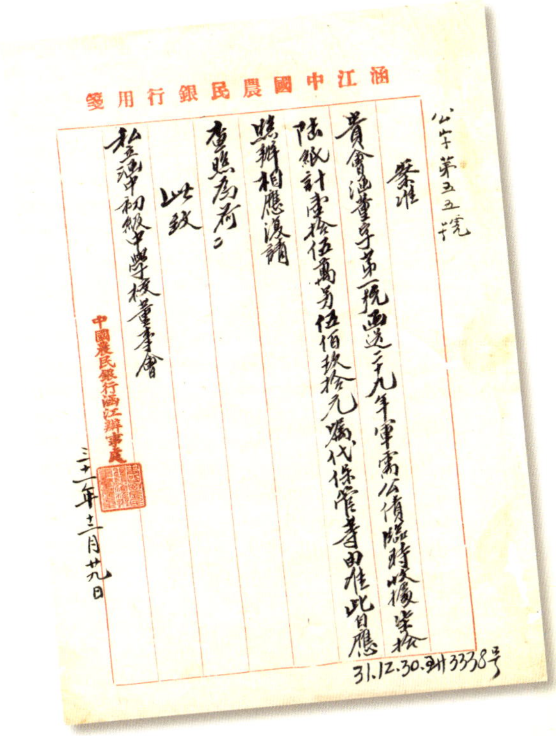

涵江中國農民銀行用箋

公字第五五號

案准

貴會涵董字第一號函送二十九年軍需公債臨時收據柒拾陸紙計壹拾伍萬另伍佰玖拾元囑代保管等由准此自應照辦相應復請

查照為荷

此致

私立涵中初級中學校董事會

中國農民銀行涵江辦事處

三十一年十二月十九日

31.12.30.到3338号

◎民国三十一年（1942年）中国农民银行涵江办事处收据函

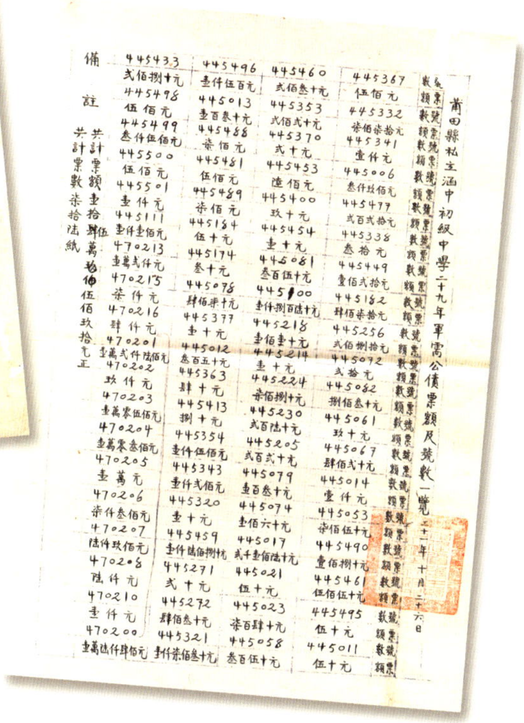

莆田縣私立涵中初級中學二十九年軍需公債票額及號數一覽

◎莆田县私立涵中初级中学民国二十九年（1940年）军需公债票额及号数一览

档案文献名称	福州评话档案
档案文献形成年代	1945年－1965年
档案文献数量	22件
档案文献保存者	福建省档案馆
地　　址	福建省福州市大学城中心共享区明德路2号
邮　　编	350108

档案文献内容及评介

福州评话，又称平话、清书，以福州方言说唱为主，被誉为古老曲艺的“活化石”。2006年5月20日，经国务院批准列入第一批国家级非物质文化遗产名录。该档案包括民国时期闽侯评话员公会档案，新中国成立后福建曲协、福州市曲艺团有关评话传承发展的档案，评话稿本，评话艺人资料等，反映了福州评话的发展历程。

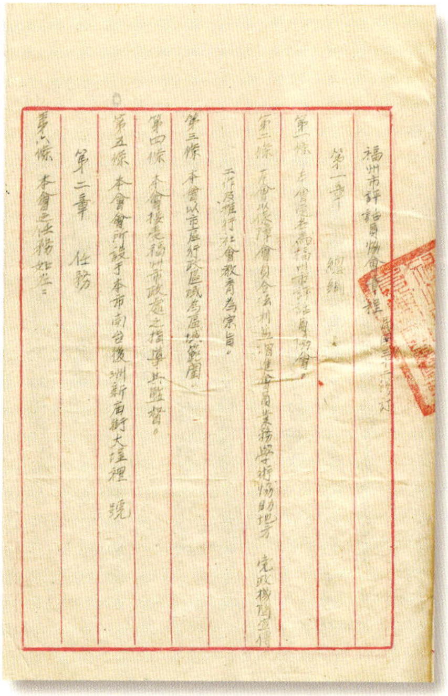

福州市評話員協會章程

第一章 總綱

第一條 本會定名為福州市評話員協會。

第二條 本會以保障會員合法利益，增進會員業務學術，協助理〔?〕党政機関宣傳工作及推行社會教育為宗旨。

第三條 本會以市區行政區域為區域範圍。

第四條 本會接受福州市政府之指導與監督。

第五條 本會會所設于本市南台後洲新庙街大陞裡　號

第二章 任務

第六條 本會之任務如左：

◎福州市评话员协会章程

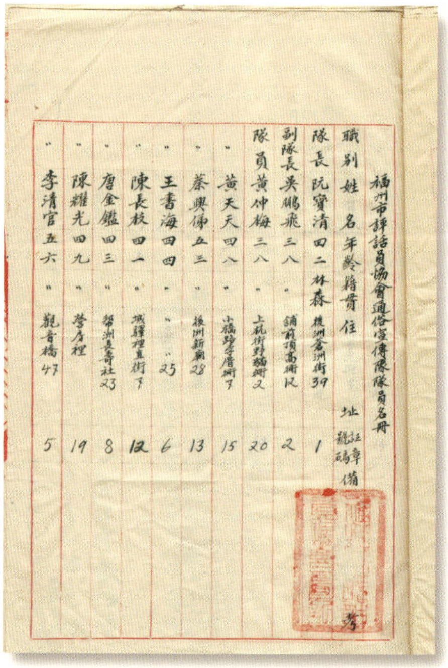

福州市評話員協會通俗宣傳隊隊員名冊

職別	姓名	年齡	籍貫	住址	證章號碼	備考
隊長	阮寶清	四二	林森	後洲倉洲街39	1	
副隊長	吳鵬飛	三八	〃	舖前頂高街10	2	
隊員	黃仲梅	三八	〃	上杭街野貓衕又	20	
〃	黃天天	四八	〃	小橋路亭厝衕7	15	
〃	蔡興俤	五三	〃	後洲新廟28	13	
〃	王書海	四四	〃	〃25	6	
〃	陳長枝	四一	〃	城壁裡直街7	12	
〃	唐金鑑	四三	〃	帮洲長壽社23	8	
〃	陳耀光	四九	〃	學房裡	19	
〃	李清官	五六	〃	觀音橋47	5	

◎福州市评话员协会通俗宣传队队员名册

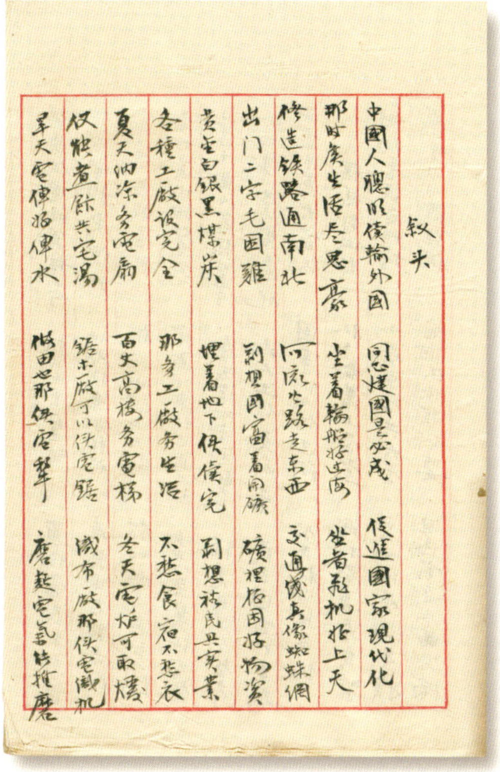

叙头

中國人聰明侵輸外国　同心建國是必成　促進國家現代化
那时民生活冬思豪　坐着輪船将近岸　坐着飛机将上天
修造鉄路通南北　何處也路走东西　交通儼真像蜘蛛网
出门二字毛国難　别想国富看開礦　礦裡挖国將物資
黄金白银黑煤炭　埋着地下供儀完　别想被民興实業
各種工廠設完全　那多工廠多生活　不愁食宿不愁衣
夏天納凉多電扇　百丈高樓多電梯　冬天電炉可取煖
仅能煮飯共定湯　鋸木廠可以供電鋸　織布廠那供電織机
旱天電俾將俾水　做田也那供電犁　磨麸電氣替推磨

◎福州评话《忠肝义胆》“叙头”

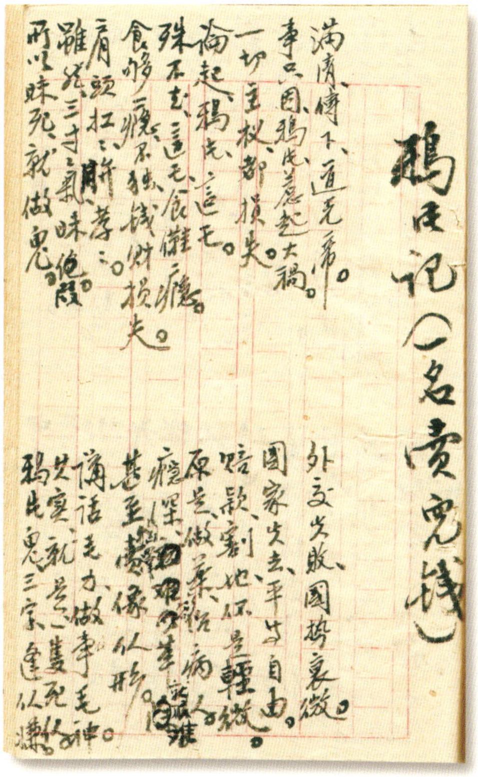

鸦片记（一名卖鬼钱）

满清傅下、道光帝。
李只因鸦片惹起大祸。
一切主权都损失。
论起鸦片、这毛、
珠不赵、这毛食滩瘾。
食够一瘾不独钱财损失。
肩头扛二胛孝二。
虽然三寸气味绝段。
所以昧死就做鬼。

外交失败、国势衰微。
国家失去、平等自由。
赔款割地不是轻微。
原是做药治病人
瘾深
甚至像人形。
俗话说、做李毛神。
失实就是一双死人
鸦片鬼三家

◎1948年李家驹编写的福州评话稿本《鸦片记》

档案文献名称	陈景润中学学籍档案
档案文献形成年代	1946年－1947年
档案文献数量	7件
档案文献保存者	福建省档案馆 三明市档案馆
地　　址	福建省福州市大学城中心共享区明德路2号 福建省三明市高岩新村一幢四层
邮　　编	350108　365000

档案文献内容及评介

该档案由福建省档案馆和三明市档案馆馆藏陈景润学籍档案组成。前者保存陈景润在福州私立三一中学的学籍档案及1947年的毕业照；后者保存1946年至1947年陈景润在三元县立初级中学学习时的登记表及各学科成绩。该档案对研究陈景润生平活动轨迹具有重要价值。

◎陈景润在福州私立三一中学的学籍档案

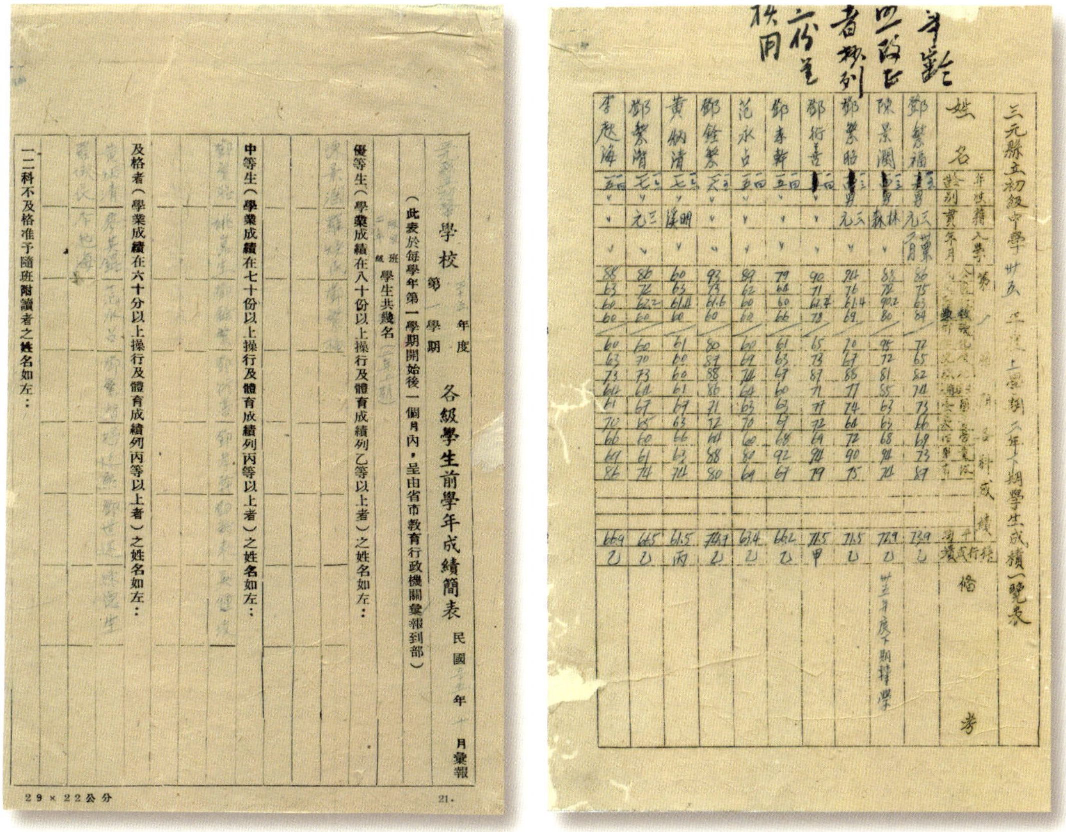

◎陈景润在三元县立初级中学的学籍档案

档案文献名称	民国时期柘荣县康平乡户籍登记簿
档案文献形成年代	1948年
档案文献数量	6册
档案文献保存者	宁德市柘荣县档案馆
地　　址	福建省宁德市柘荣县柳城东路109号
邮　　编	355300

档案文献内容及评介

该档案形成于1948年，木制封面，铅字印刷，详细记载了柘荣县康平乡官安保、楮坪保、留坪保、洪源保、桦岭保、石咸保等地普通百姓的姓名、出生日期、亲属关系、教育程度、职业等有关户籍资料信息，是研究民国时期乡村基层行政组织制度和社会组织结构，以及柘荣地区行政区划的第一手资料。

◎民国时期柘荣县康平乡户籍登记簿封面

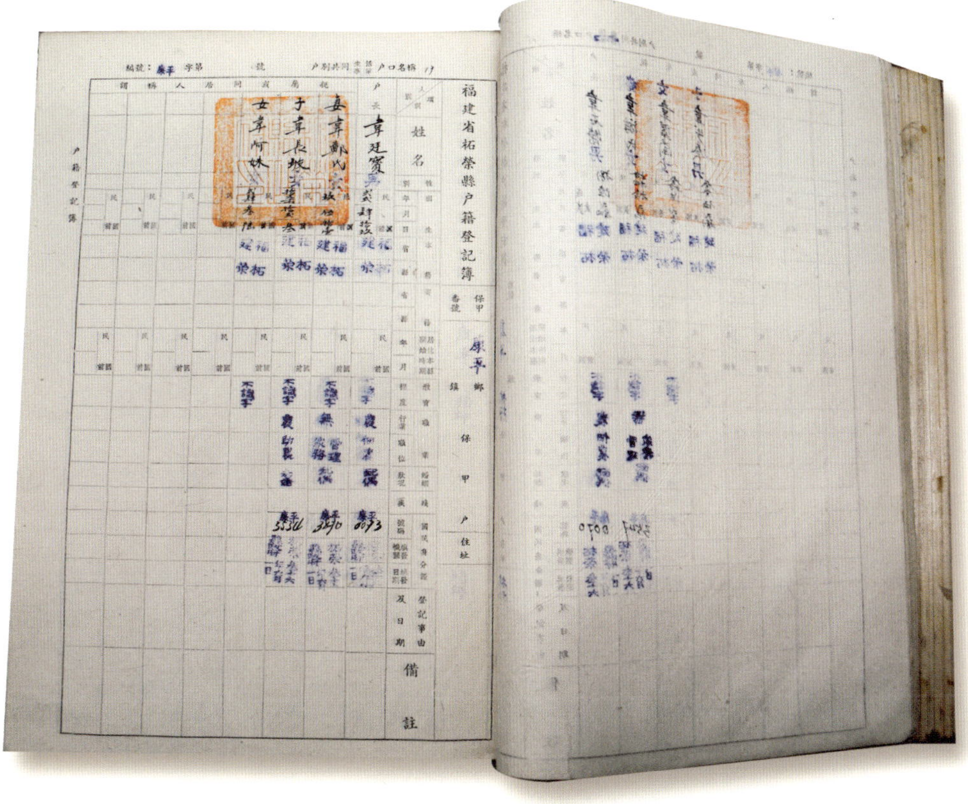

◎民国时期柘荣县康平乡户籍登记簿内页

档案文献名称	《岩声》月刊
档案文献形成年代	1923年—1926年
档案文献数量	1册（24期）
档案文献保存者	福建省档案馆
地　　址	福建省福州市大学城中心共享区明德路2号
邮　　编	350108

档案文献内容及评介

该刊由邓子恢、陈明、章独秀等组成的岩声报社编辑，1923年9月1日在厦门创刊，1926年11月停刊，共出版43期。该刊除在福建、江西、广东、湖南、上海等12个省市35个县发行外，还远销新加坡、印度尼西亚等地。它是宣传新文化、新思想和传播马列主义的进步刊物，也是我省最早传播马列主义的刊物之一，具有重要的研究价值。

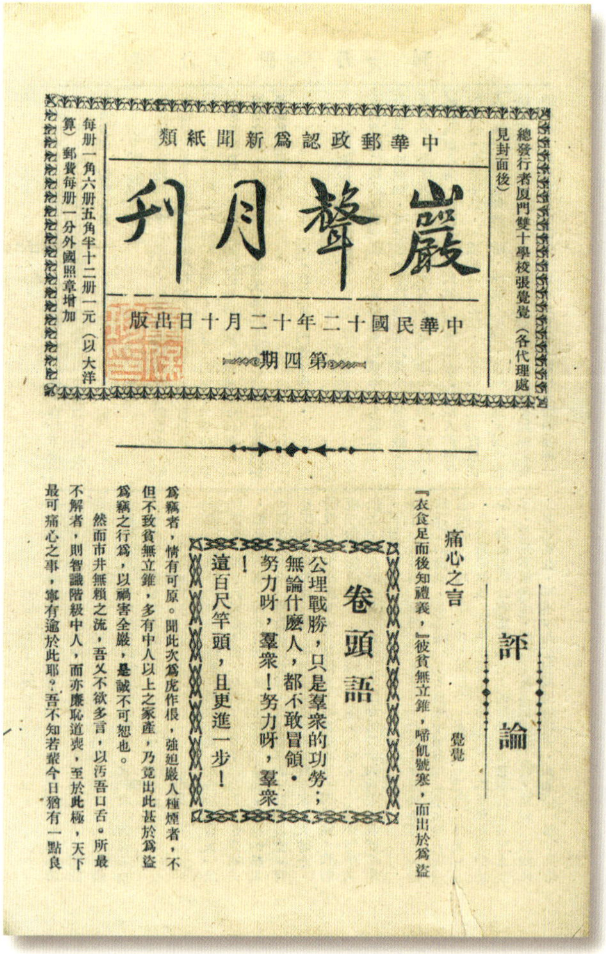
總發行者廈門雙十學校張覺覺（各代理處見封面後）

中華郵政認爲新聞紙類

巖聲月刊

中華民國十二年十二月十日出版

第四期

每册一角六册五角半十二册一元（以大洋算）郵費每册一分外國照章增加

評論

痛心之言

覺覺

『衣食足而後知禮義，』彼貧無立錐，啼飢號寒，而出於爲盜爲竊者，情有可原。闢此次爲虎作倀，強廹巖人種煙者，不但不致貧無立錐，多有中人以上之家產，乃竟出此甚於爲盜爲竊之行爲，以禍害全巖，是誠不可恕也。

然而市井無賴之流，吾又不欲多言，以汚吾口舌。所最不解者，則智識階級中人，而亦廉恥道喪，至於此極，天下最可痛心之事，寧有逾於此耶？吾不知若輩今日猶有一點良

卷頭語

公理戰勝，只是羣衆的功勞；無論什麽人，都不敢冒領。努力呀，羣衆！努力呀，羣衆！這百尺竿頭，且更進一步！

◎《岩声》月刊第四期

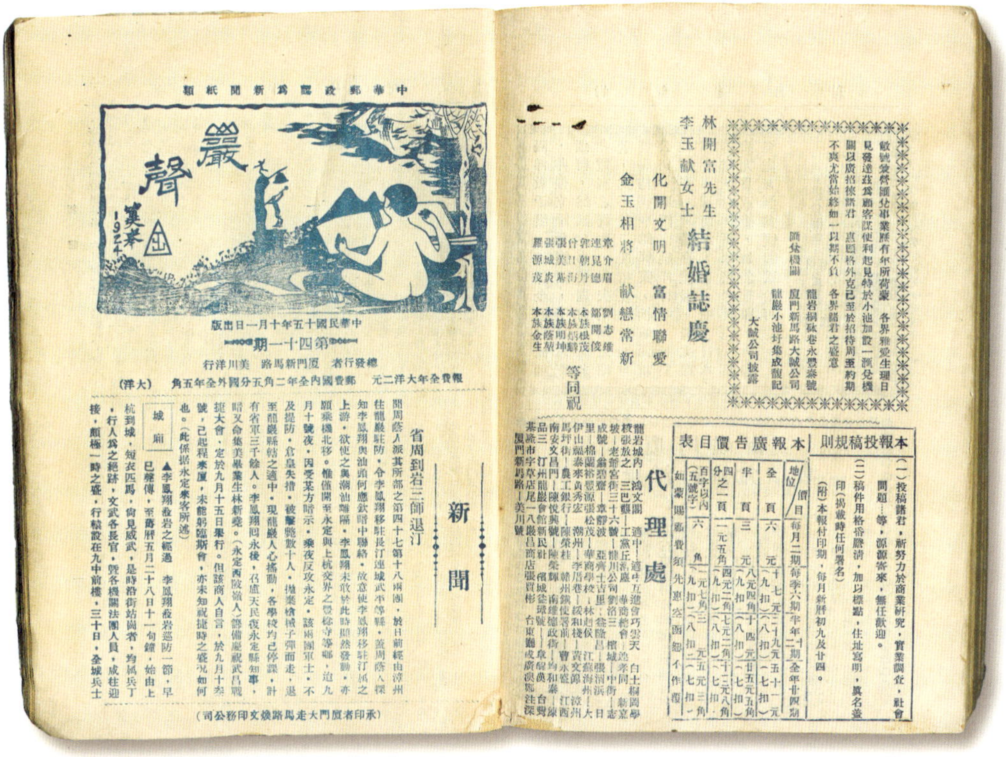

中華郵政認爲新聞紙類
巖聲
中華民國十五年十一月一日出版
第四十一期
新聞
結婚誌慶
代理處
本報投稿規則
本報廣告價目表

◎《岩声》月刊第四十一期

档案文献名称 闽西土地革命档案
档案文献形成年代 1929年－1933年
档案文献数量 6件
档案文献保存者 福建省档案馆
地址 福建省福州市大学城中心共享区明德路2号
邮编 350108

档案文献内容及评介

该档案主要包括《土地问题议决案》（1929年7月27日）、《中华苏维埃共和国劳动法土地法》、《长汀县下廖乡湖哩村各群众分田山执照存根册簿》、《1932年闽西苏区大甲塘村分配田地表册簿》等6件文献，反映了闽西苏区革命时期颁布的土地法律法规和实施过程中土地变动情况，是废除封建土地所有制，实现耕者有其田的重要档案史料，对研究闽西土地革命具有重要的价值。

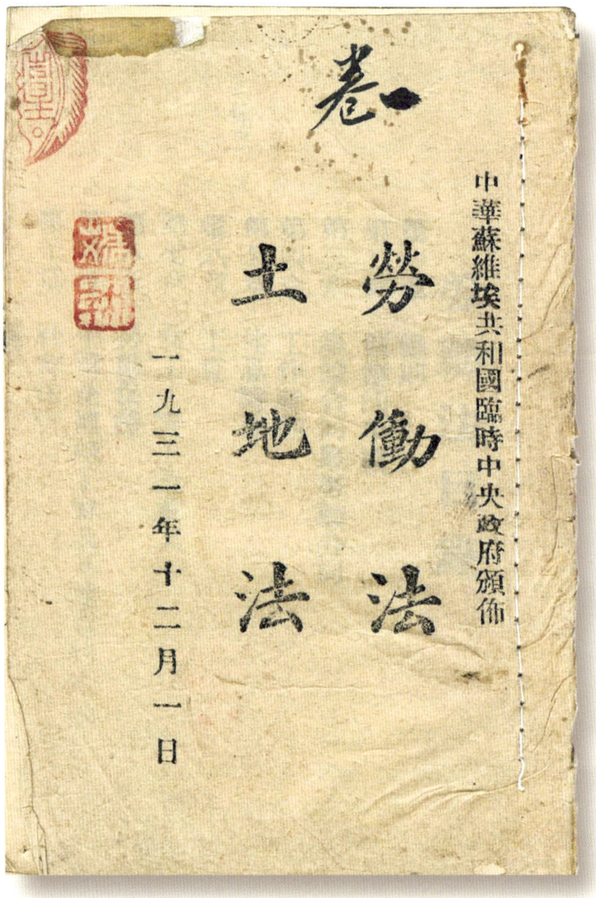

◎《中华苏维埃共和国劳动法土地法》封面

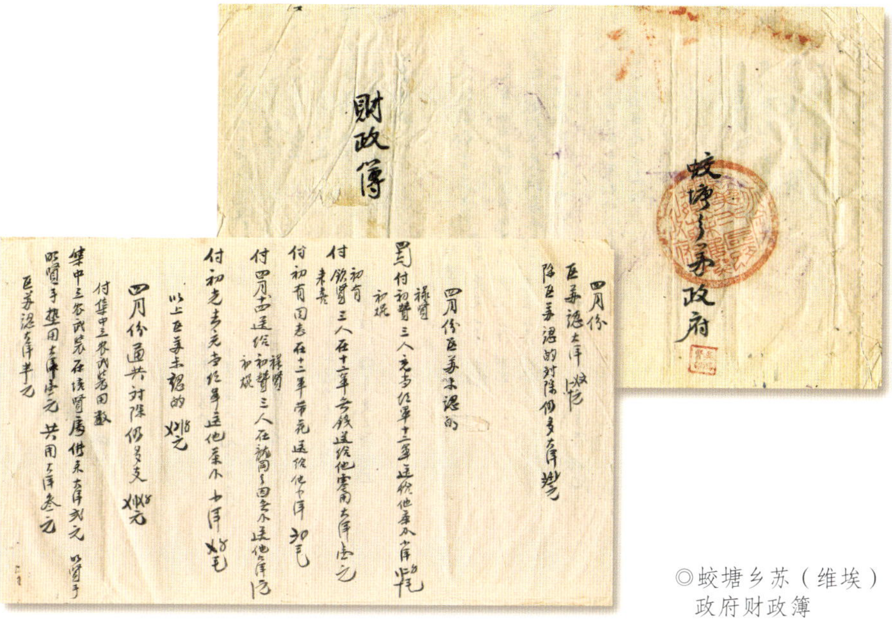

◎蛟塘乡苏（维埃）政府财政簿

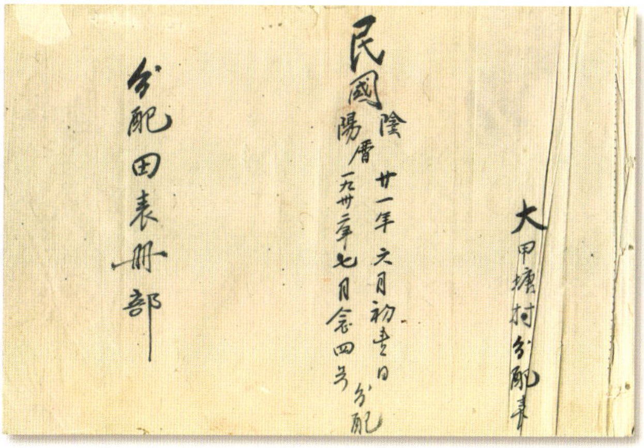

◎大甲塘村分配田表册部

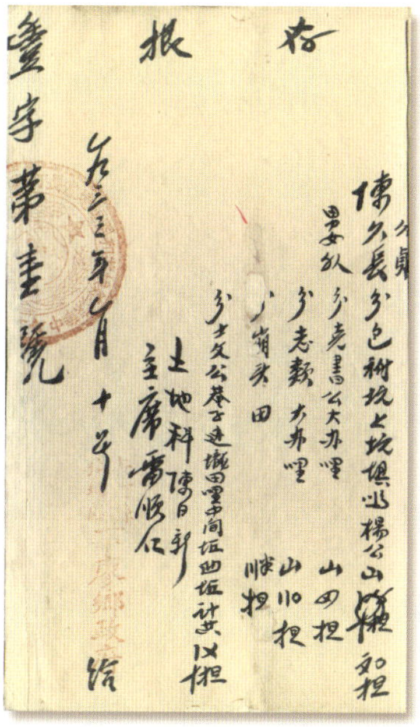

◎长汀县下廖乡湖哩村各群众分田山执照存根册簿

档案文献名称	《闽西第一次工农兵代表大会宣言及决议案》
档案文献形成年代	1930年
档案文献数量	1册
档案文献保存者	福建省档案馆
地址	福建省福州市大学城中心共享区明德路2号
邮编	350108

档案文献内容及评介

《闽西第一次工农兵代表大会宣言及决议案》是1930年3月18日在龙岩召开的闽西第一次工农兵代表大会上通过的，主要内容包括闽西第一次工农兵代表大会宣言，军事、经济、财政、文化、建设问题等5项决议案，以及制定的苏维埃政府组织、土地、工会、劳动等16个法案和条例。该档案是反映闽西苏区政权组织建设的重要档案史料，对研究中国共产党早期革命、建设、发展具有重要的史料价值。

◎《闽西第一次工农兵代表大会宣言及决议案》封面

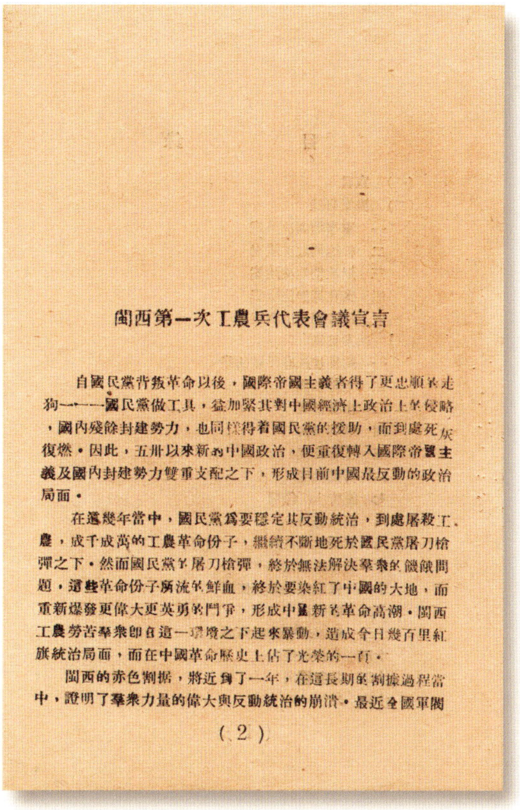

閩西第一次工農兵代表會議宣言

自國民黨背叛革命以後，國際帝國主義者得了更忠順的走狗——國民黨做工具，益加緊其對中國經濟上政治上的侵略，國內殘餘封建勢力，也同樣得着國民黨的援助，而到處死灰復燃。因此，五卅以來新的中國政治，便重復轉入國際帝國主義及國內封建勢力雙重支配之下，形成目前中國最反動的政治局面。

在這幾年當中，國民黨爲要穩定其反動統治，到處屠殺工農，成千成萬的工農革命份子，繼續不斷地死於國民黨屠刀槍彈之下。然而國民黨的屠刀槍彈，終於無法解決羣衆的饑餓問題，這些革命份子所流的鮮血，終於要染紅了中國的大地，而重新爆發更偉大更英勇的鬥爭，形成中國新的革命高潮。閩西工農勞苦羣衆即在這一環境之下起來暴動，造成今日幾百里紅旗統治局面，而在中國革命歷史上佔了光榮的一頁。

閩西的赤色割據，將近到了一年，在這長期的割據過程當中，證明了羣衆力量的偉大與反動統治的崩潰。最近全國軍閥

（2）

◎《闽西第一次工农兵代表会议宣言》

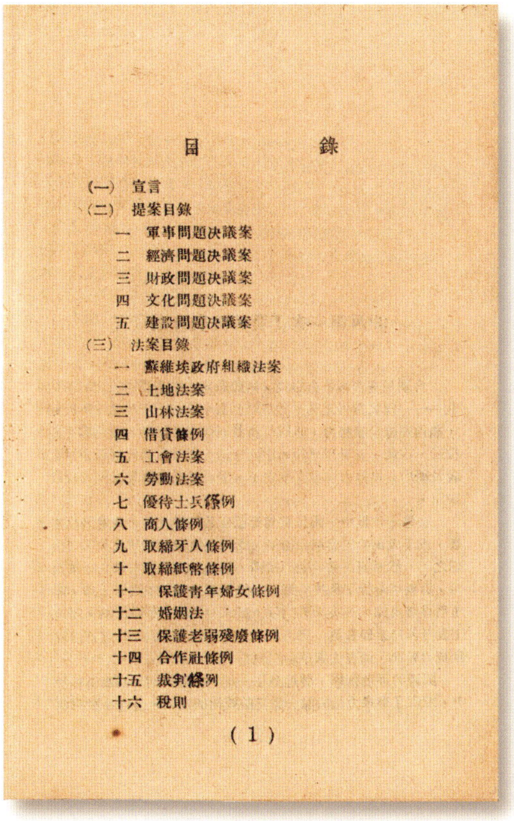

目　　錄

(一)　宣言
(二)　提案目錄
　一　軍事問題決議案
　二　經濟問題決議案
　三　財政問題決議案
　四　文化問題決議案
　五　建設問題決議案
(三)　法案目錄
　一　蘇維埃政府組織法案
　二　土地法案
　三　山林法案
　四　借貸條例
　五　工會法案
　六　勞動法案
　七　優待士兵條例
　八　商人條例
　九　取締牙人條例
　十　取締紙幣條例
　十一　保護青年婦女條例
　十二　婚姻法
　十三　保護老弱殘廢條例
　十四　合作社條例
　十五　裁判條例
　十六　稅則

（1）

◎《闽西第一次工农兵代表大会宣言及决议案》目录

档案文献名称	《中国共产党红军第四军第九次代表大会决议案》
档案文献形成年代	1930年
档案文献数量	1册
档案文献保存者	福建省档案馆
地址	福建省福州市大学城中心共享区明德路2号
邮编	350108

档案文献内容及评介

该决议案又称“古田会议决议”，是1929年12月在福建省上杭古田召开的中国共产党红军第四军第九次代表大会上通过的。它总结了红军创建以来军队建设的经验，确立了中国共产党领导下人民军队建设的根本原则，是党和红军建设的纲领性文献。新中国成立后其主要内容以《关于纠正党内的错误思想》为题收入《毛泽东选集》第一卷。该档案1930年4月6日由中共福建省委翻印，内有插图多幅，版本珍稀，具有重要的历史研究价值。

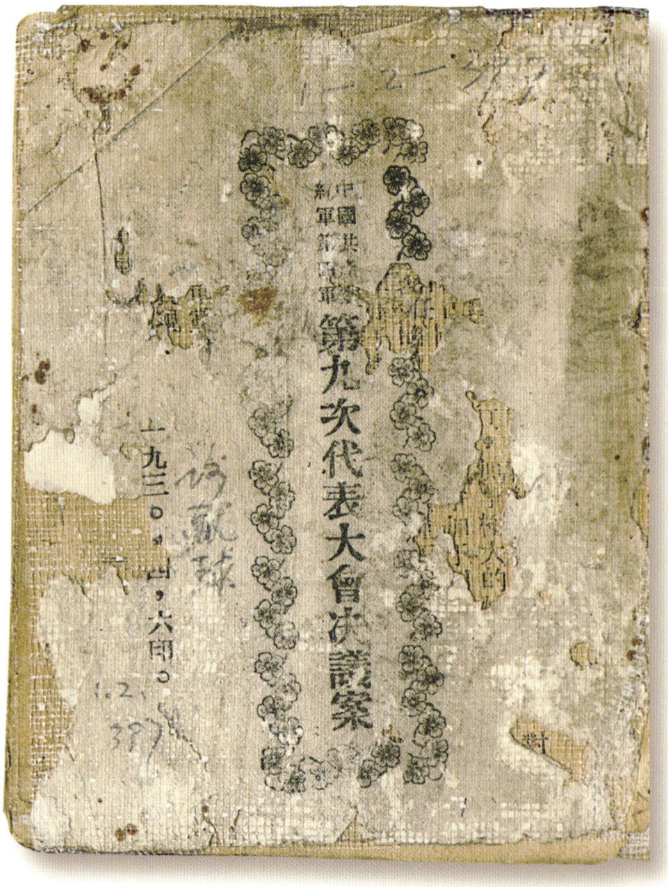

◎《中国共产党红军第四军第九次代表大会决议案》封面

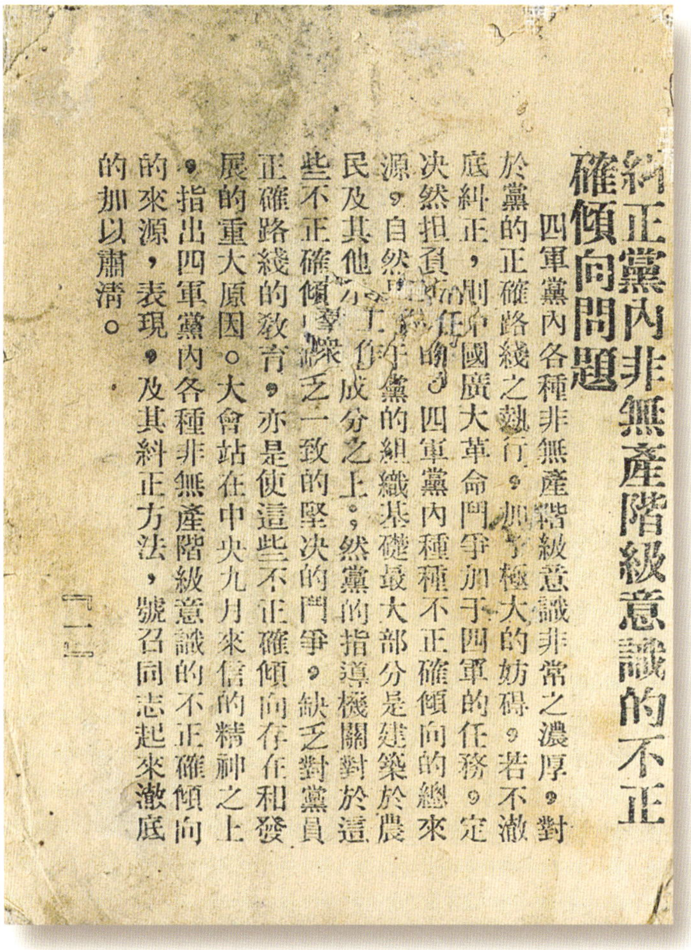

糾正黨內非無產階級意識的不正確傾向問題

四軍黨內各種非無產階級意識非常之濃厚，對於黨的正確路綫之執行，加予極大的妨碍，若不澈底糾正，則中國廣大革命鬥爭加于四軍的任務，定決然担負不起的。四軍黨內種種不正確傾向的總來源，自然是由於黨的組織基礎最大部分是建築於農民及其他小資產階級成分之上，然黨的指導機關對於這些不正確傾向缺乏一致的堅決的鬥爭，缺乏對黨員正確路綫的教育，亦是使這些不正確傾向存在和發展的重大原因。大會站在中央九月來信的精神之上，指出四軍黨內各種非無產階級意識的不正確傾向的來源，表現，及其糾正方法，號召同志起來澈底的加以肅清。

〔一〕

◎《中国共产党红军第四军第九次代表大会决议案》内页

档案文献名称	毛泽东著《调查工作》
档案文献形成年代	1930年
档案文献数量	2册
档案文献保存者	福建省档案馆 龙岩市档案馆
地　　　址	福建省福州市大学城中心共享区明德路2号 福建省龙岩市新罗区军民路41号
邮　　　编	350108　364000

档案文献内容及评介

《调查工作》是1930年5月毛泽东为反对当时党内和红军中的教条主义思想而撰写的文章，文中首次提出“没有调查，没有发言权”“中国革命斗争的胜利要靠中国同志了解中国情况”的科学论断。1964年6月编入《毛泽东著作选读（甲种本）》时，毛泽东把题目改为《反对本本主义》。该档案由中共闽西特委于1930年8月21日编印，为现存最早版本，是研究毛泽东思想的重要文献，极其珍贵。

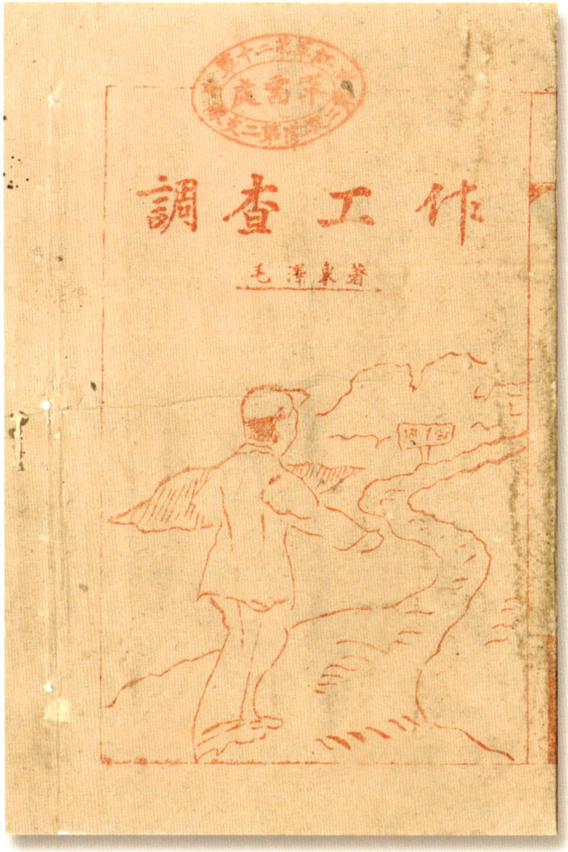

◎中共闽西特委编印的《调查工作》封面

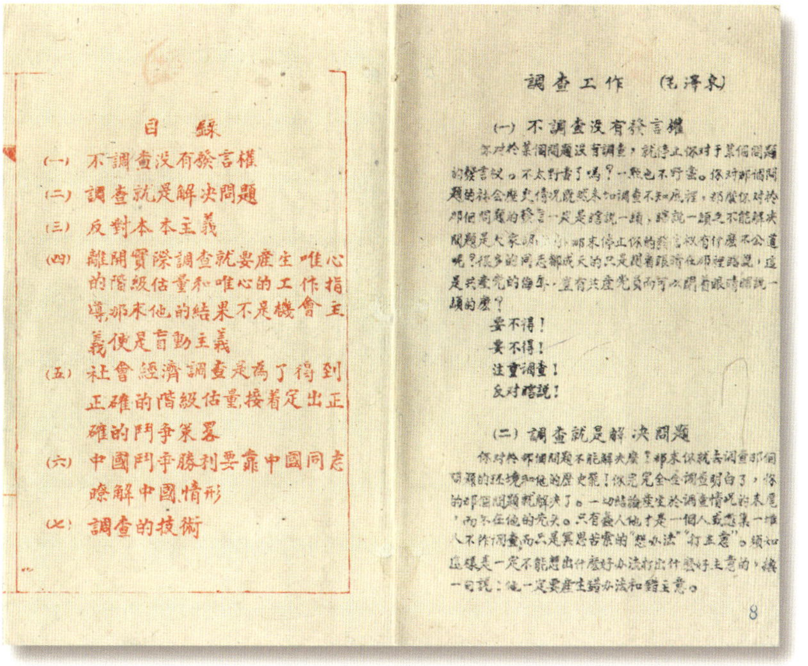

目　録

調查工作　(毛澤東)

(一) 不調查沒有發言權

你对於某個問題沒有調查，就停止你对于某個問題的發言权。不太野蛮了嗎？一點也不野蛮。你对那個問題的社会歷史情况既然未加調查不知底裡，那麼你对於那個問題的發言一定是瞎說一頓，瞎說一頓之不能解决問題是大家明白的，那末停止你的發言权有什麼不公道呢？很多的同志都成天的只是閉着眼睛在那裡瞎說，這是共產党的恥辱，豈有共產党員而可以閉着眼睛瞎說一頓的麼？

要不得！
要不得！
注重調查！
反对瞎說！

(二) 調查就是解決問題

你对於那個問題不能解决麼？那末你就去調查那個問題的现狀和他的歷史罷！你完完全全調查明白了，你的那個問題就解决了。一切結論產生於調查情况的末尾，而不在他的先头。只有蠢人他才是一個人或者邀集一堆人不作調查而只是冥思苦索的"想办法""打主意"。須知這樣是一定不能想出什麼好办法打出什麼好主意的，換一句說：他一定要產生錯办法和錯主意。

8

◎《调查工作》目录及内页

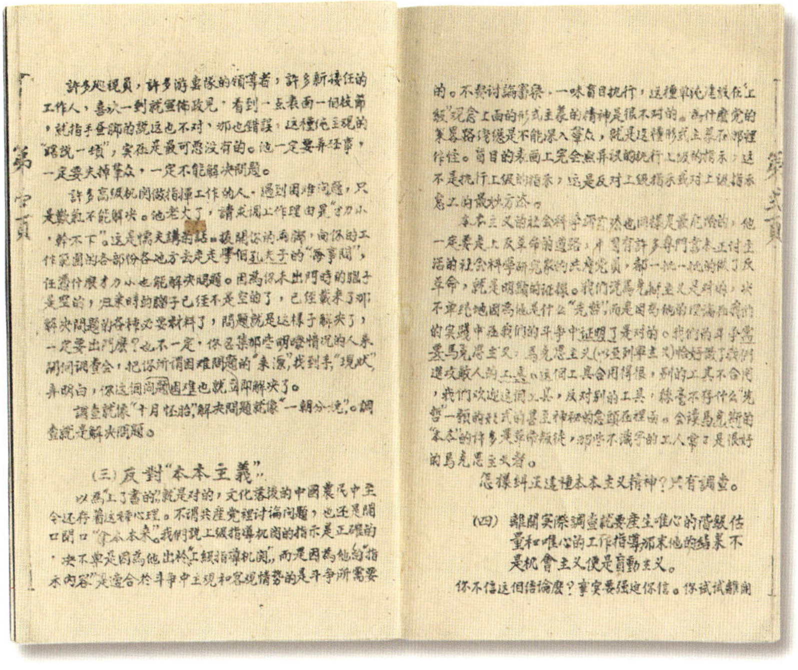

第一頁

許多巡視員，許多游擊隊的領導者，許多新接任的工作人，喜歡一到就宣佈政見，看到一点表面一個枝節，就指手畫脚的說這也不对，那也錯誤，這種純主觀的"瞎說一頓"，實在是最可恶沒有的。他一定要弄坏事，一定要失掉羣众，一定不能解决問題。

許多高級机関做指揮工作的人，遇到困难问题，只是歎氣不能解决。他老火了，請求調工作理由是"才力小，幹不下"。這是懦夫講的話。張開你的兩脚，向你的工作范圍的各部份各地方去走走，學個孔夫子的"每事問"，任憑什麼才力小也能解决問題。因為你未出門時的腦子是空的，归来時的腦子已經不是空的了，已經載来了那解决問題的各種必要材料了，問題就是這樣子解决了，一定要出門麼？也不一定，你召集那些明瞭情况的人来開個調查会，把你所謂困难問題的"来源"找到手，"現狀"弄明白，你這個問題困难也就立即解决了。

調查就像"十月怀胎"，解决問題就像"一朝分娩"。調查就是解决問題。

(三) 反對"本本主義"

以為"上了書的"就是对的，文化落後的中國農民中至今还存着這種心理。不謂共產党裡讨論問題，也还是開口閉口"拿本本来"。我們說上級指導机関的指示是正確的，决不單是因為他出於"上級指導机関"，而是因為他的"指示內容"是適合於斗爭中主觀和客觀情勢的是斗爭所需要的。不根據討論審察，一味盲目执行，這種單純建築在"上級"觀念上面的形式主義的精神是很不对的。為什麼党的策畧路綫總是不能深入羣众，就是這種形式主義在那裡作怪。盲目的表面上完全無異議的执行上級的指示，這不是执行上級的指示，這是反对上級指示或对上級指示怠工的最妙方法。

第式頁

本本主义的社会科学研究法也同樣是最危險的，他一定要走上反革命的道路，中國有許多專門喜本本討生活的社会科學研究家的共產党員，都一批一批的成了反革命，就是明顯的証據。我們說馬克斯主义是对的，决不單純地因為他是什么"先哲"，而是因為他的理論在我們的實踐中在我們的斗爭中証明了是对的。我們的斗爭需要馬克思主义，馬克思主义(以至列寧主义)恰好就了我們進攻敵人的工具，這個工具合用得很，別的工具不合用，我們欢迎這個工具，反对別的工具，絲毫不存什么"先哲"一類的形式的甚至神秘的念頭在裡面。会讀馬克斯的"本本"的许多是革命叛徒，那些不識字的工人常常是很好的馬克思主义者。

怎樣糾正這種本本主义精神？只有調查。

(四) 離開實際調查就要產生唯心的階級估量和唯心的工作指導那末他的結果不是机會主义便是盲動主义。

你不信這個結論麼？事實要強迫你信。你試試離開

◎《调查工作》内页

档案文献名称	《共产儿童读本》（第一册）
档案文献形成年代	1932年
档案文献数量	1册
档案文献保存者	龙岩市档案馆
地址	福建省龙岩市新罗区军民路41号
邮编	364000

档案文献内容及评介

《共产儿童读本》是1931年11月中央苏维埃政府成立以后，由中央政府教育部组织编写的第一套国语教科书，也是第一套在全苏区统一使用的国语教科书，1932年由福建省苏维埃政府文化部出版，全套八册。该读本为第一册，分人、手脚、唱歌、花、动物、红旗、儿童团、游玩上操等课时内容，反映了当时苏维埃政府在极其艰苦的条件下，积极发展文化教育事业，充分保障苏区公民享有受教育的权利，具有重要的研究价值。

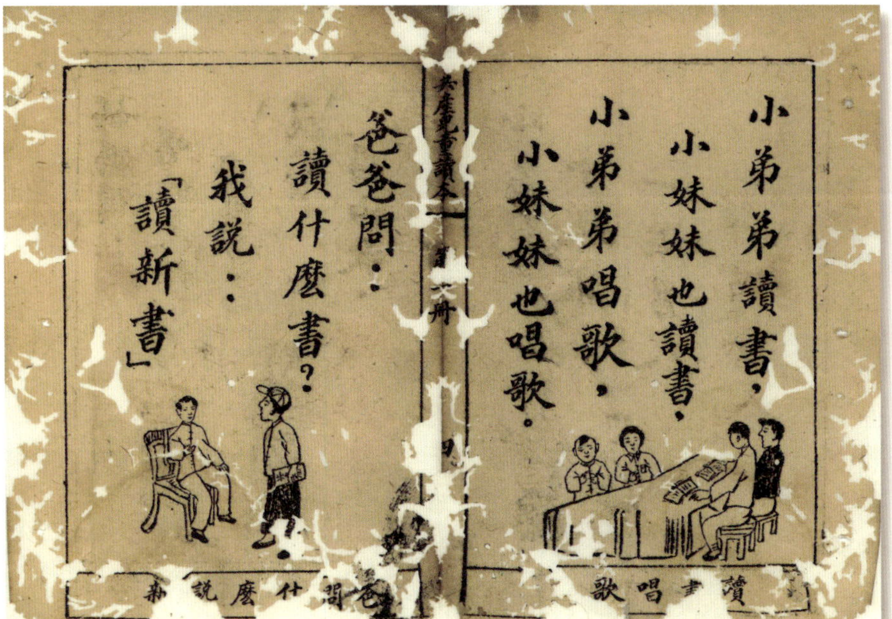

◎《共产儿童读本》（第一册）之四

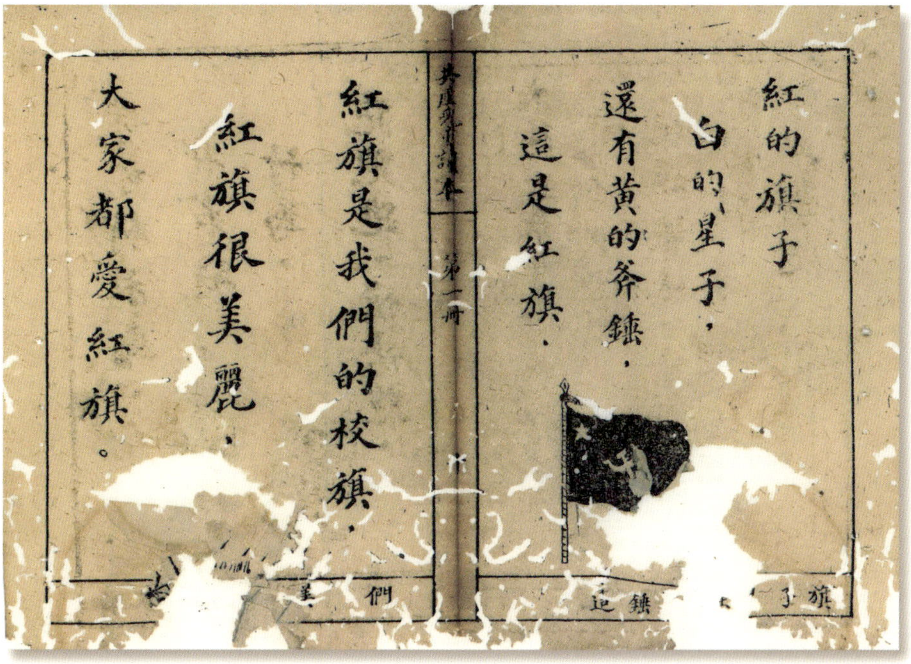

共產兒童讀本 第一冊 十

紅的旗子
白的星子，
還有黃的斧鐮，
這是紅旗。

紅旗是我們的校旗，
紅旗很美麗，
大家都愛紅旗。

◎《共产儿童读本》（第一册）之十

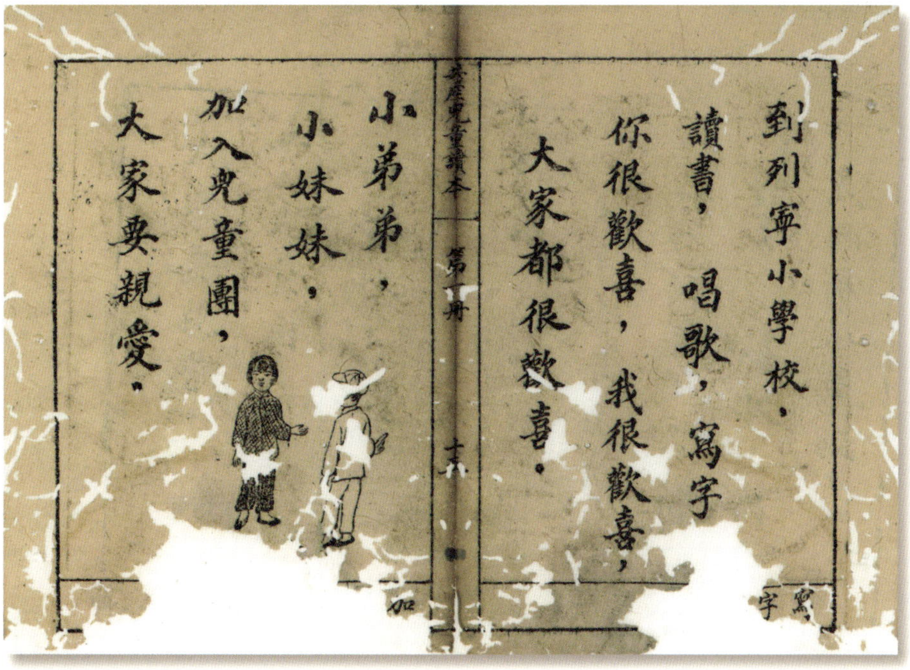

共產兒童讀本 第一冊 十五

到列寧小學校，
讀書，唱歌，寫字
你很歡喜，我很歡喜，
大家都很歡喜。

小弟弟，
小妹妹，
加入兒童團，
大家要親愛。

◎《共产儿童读本》（第一册）之十五

档案文献名称 中华苏维埃共和国经济建设公债券

档案文献形成年代 1933年

档案文献数量 5件

档案文献保存者 福建省档案馆

地　　址 福建省福州市大学城中心共享区明德路2号

邮　　编 350108

档案文献内容及评介

1933年7月，中华苏维埃共和国临时中央政府为发展苏区的经济建设事业，改良群众生活，充实战争力量，在中央苏区发行中华苏维埃共和国经济建设公债券三百万元。这套公债券采用石印单面印刷，面值分别为伍角、壹圆、贰圆、叁圆、伍圆。债券分上下两部分，上半部为公债正票，下半部为公债息票。这套公债券是较稀有的成套公债券，具有很高的收藏价值，同时对研究中央苏区的经济贸易情况也具有重要价值。

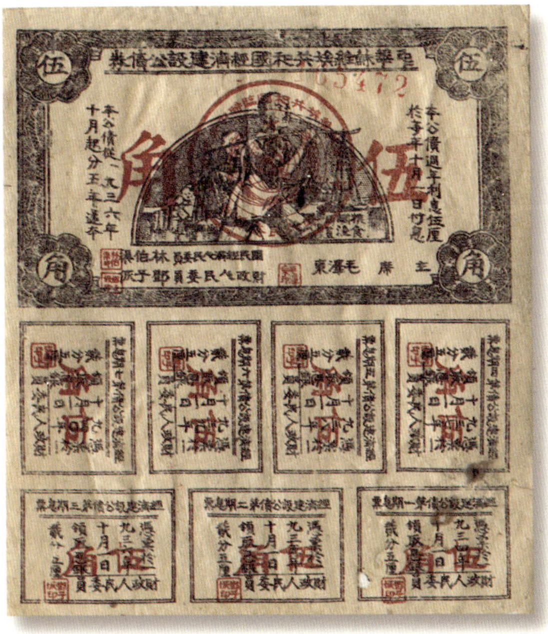

◎中华苏维埃共和国经济建设公债券——伍角

◎中华苏维埃共和国经济建设公债券——壹圆

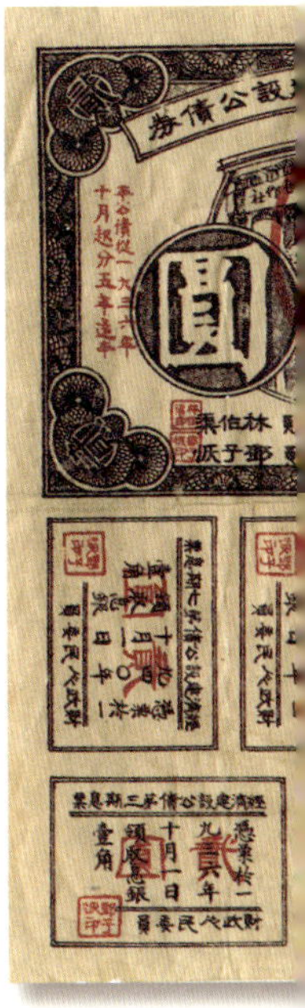

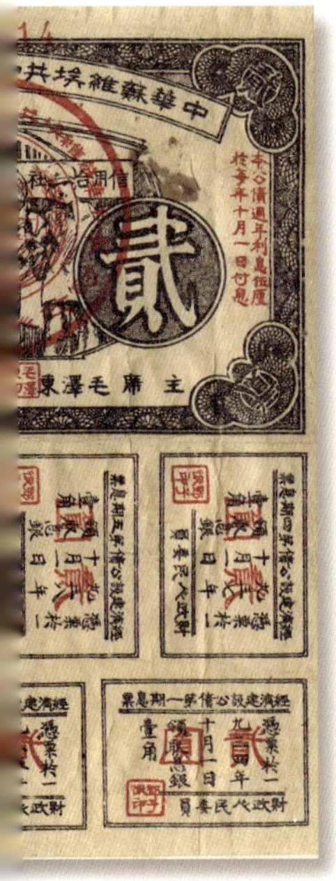

◎中华苏维埃共和国经济建设公债券——贰圆

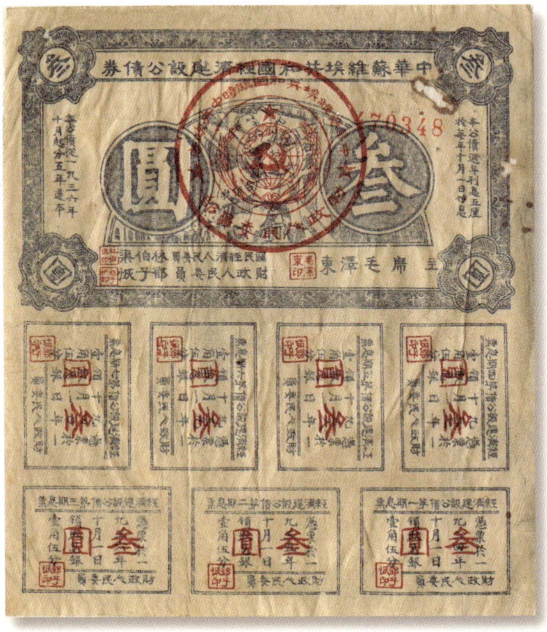

◎中华苏维埃共和国经济建设公债券——叁圆

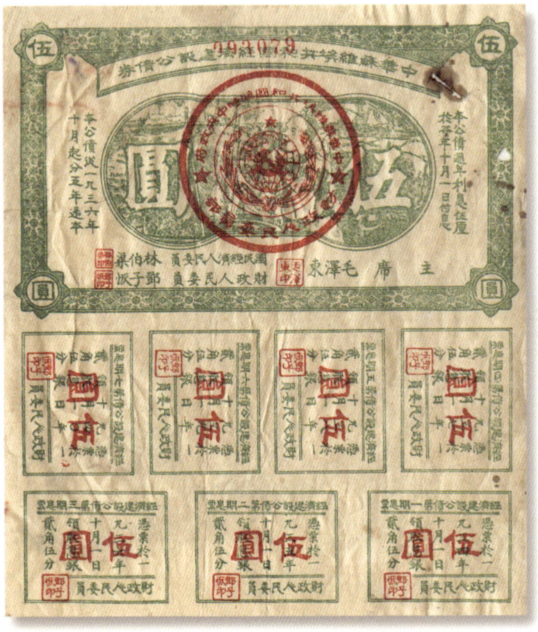

◎中华苏维埃共和国经济建设公债券——伍圆

档案文献名称 毛泽东著《才溪乡调查》
档案文献形成年代 1933年
档案文献数量 1册
档案文献保存者 福建省档案馆
地　　址 福建省福州市大学城中心共享区明德路2号
邮　　编 350108

档案文献内容及评介

《才溪乡调查》是1933年11月毛泽东在上杭县才溪乡开展调查研究后撰写的论著，总结了才溪乡在苏区各项建设的先进经验。该档案为早期版本，极其珍贵。

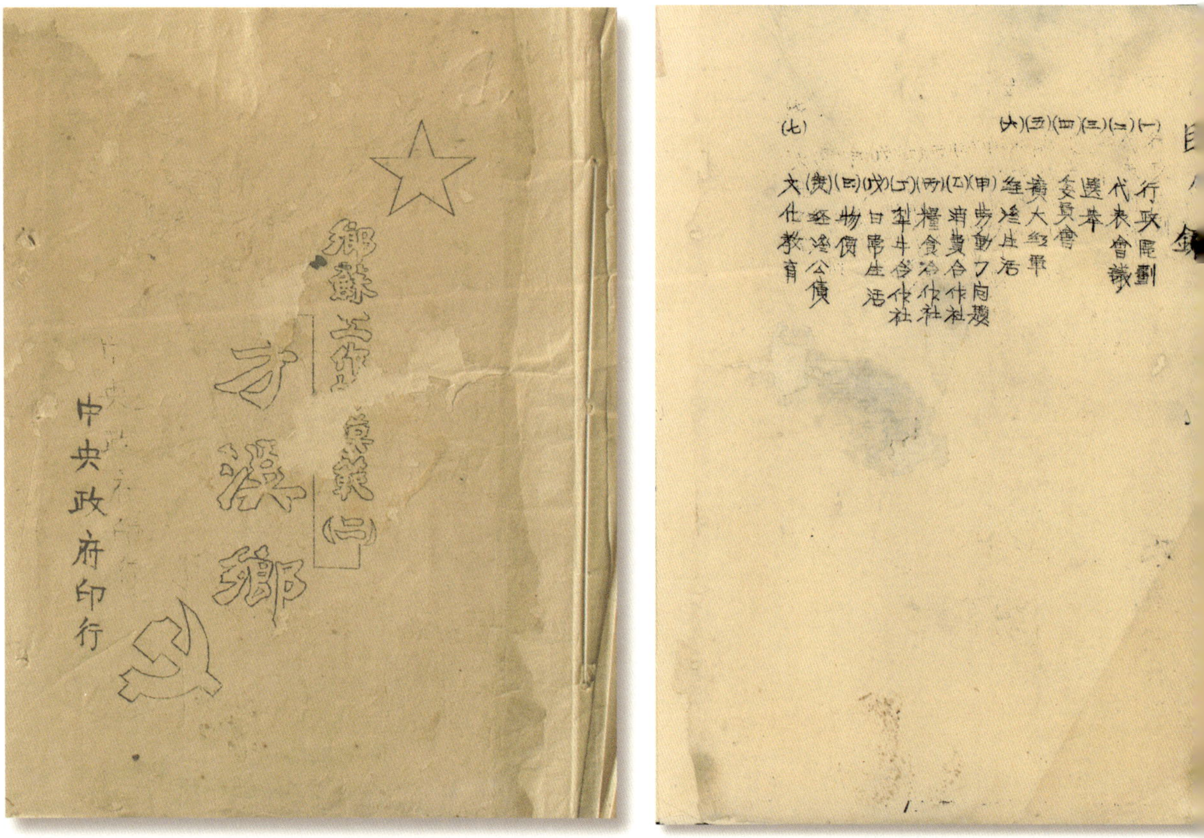

◎毛泽东著《才溪乡调查》的早期版本外观

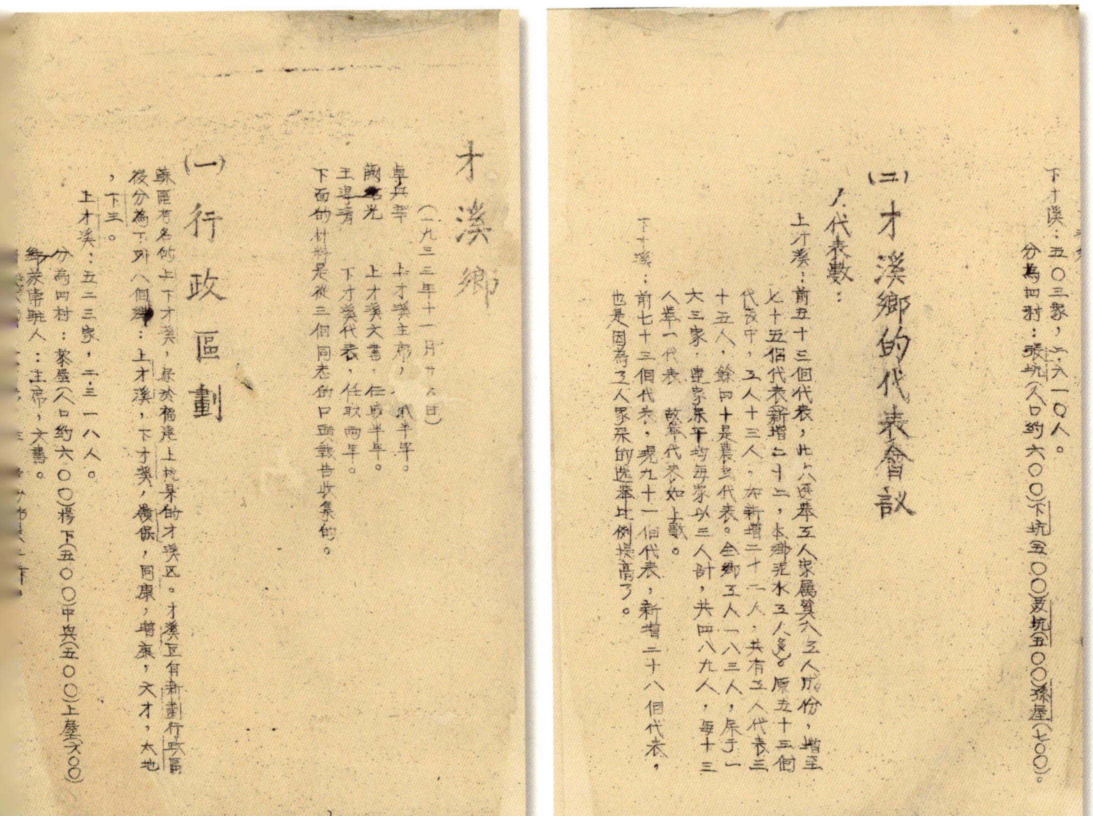

才溪乡

（一九三三年十一月廿六日）

卓兵华　上才溪主席，[illegible]半年。

阙[illegible]光　上才溪文书，任职半年。

王得清　下才溪代表，任职两年。

下面的材料是从三个同志的口头报告收集的。

（一）行政区划

苏区有名的上下才溪，原於福建上杭县的才溪区。才溪区有新划行政区后分为下列八个乡：上才溪，下才溪，[illegible]，同康，增康，文才，太地，下王。

上才溪：五二三家，二·三一八人。

分为四村：[illegible]（人口约六〇〇）杨下（五〇〇）中兴（五〇〇）上屋（六〇〇）

乡苏常驻人：主席，文书。

下才溪：五〇三家，二·六一〇人。

分为四村：张坑（人口约六〇〇）下坑（五〇〇）发坑（五〇〇）孙屋（七〇〇）。

（二）才溪乡的代表会议

1. 代表数：

上才溪：前五十三个代表，比[illegible]选举工人家属贫农工人成份，增至七十五个代表，新增二十二，本乡[illegible]工人多。原五十三个代表中，工人十三人，加新增二十二人，共有工人代表三十五人，余四十是农民代表。全乡工人一八三人，属于一大三家，平均每家以三人计，共四八九人，每十三人举一代表，故举代表如上数。

下才溪：前七十三个代表，现九十一个代表，新增二十八个代表，也是因为工人家属的选举比例提高了。

2

◎毛泽东著《才溪乡调查》内页

档案文献名称　厦门儿童救亡剧团档案
档案文献形成年代　1937年—1941年
档案文献数量　21件
档案文献保存者　厦门市档案馆
地址　福建省厦门市湖滨北路80号
邮编　361012

档案文献内容及评介

厦门儿童救亡剧团（简称“厦儿团”）成立于1937年9月3日，是中共厦门市工委直接领导的儿童抗日救亡团体，团员有39人，年龄最小的只有7岁，最大的17岁。厦门沦陷后，“厦儿团”转向闽西南、广东，远赴香港、越南等地用歌咏、戏剧等宣传形式声援抗战前线的爱国将士，为抗日义演募捐，发动香港同胞、海外侨胞支援祖国抗战。该档案内容主要包括“厦儿团”在国内外举行义演活动的照片、团章及当时媒体刊登其义演活动的文章等，较为完整系统地反映了“厦门儿童救亡剧团”在抗战期间的义演活动，是研究抗战史的珍贵史料。

◎厦门儿童救亡剧团的两枚团章

◎中共中央南方局妇委书记邓颖超同志与厦门儿童救亡剧团在广州合影

◎抗战期间党领导的厦门儿童救亡剧团

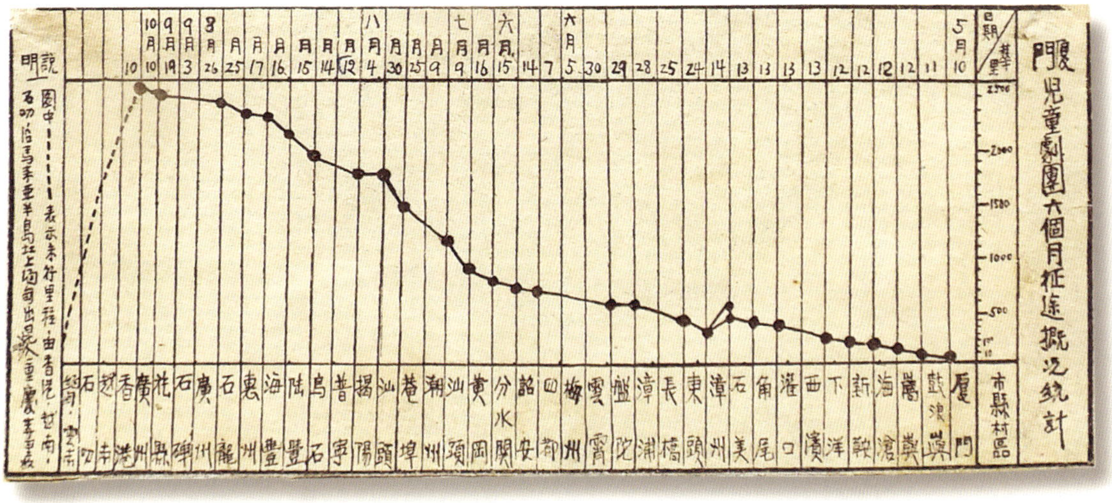

◎厦门儿童救亡剧团6个月征途概况统计表

档案文献名称	福建省抗敌后援会龙溪分会会员徽章
档案文献形成年代	1937年
档案文献数量	1枚
档案文献保存者	漳州市东山县档案馆
地址	福建省漳州市东山县西埔镇文博中心
邮编	363400

档案文献内容及评介

福建省抗敌后援会于1937年7月成立，各地以县为单位随之成立分会，发动群众共同抗日。该徽章材质为红铜，圆形，直径3.2厘米。徽章上方凸雕“福建省抗敌后援会龙溪分会”字样，底色为青蓝色，徽章正中央凸雕一颗桃形的“心”，红底色，红心的两边凸雕两只紧握的手，双手之间紧拉着三条红线，徽章的底部凹刻徽章的编号“113”。这枚徽章是漳州开展抗日救亡运动的历史见证，存世量少，十分珍贵。

◎福建省抗敌后援会龙溪分会会员徽章

档案文献名称	福建省人民政府成立档案
档案文献形成年代	中华人民共和国成立前后
档案文献数量	14件
档案文献保存者	福建省档案馆
地　　址	福建省福州市大学城中心共享区明德路2号
邮　　编	350108

档案文献内容及评介

该档案反映了福建解放、福建省人民政府成立的历史。内容涉及中共福建省委关于社会、经济、文化等方面的接管工作，省人民政府及其各组成部门成立文件、布告等，是研究福建解放、组建新政权的第一手史料。

◎时任福建省人民政府主席张鼎丞（中）、副主席叶飞（左）、方毅（右）的合影

◎福建省人民政府委员会成立大会全体出席委员合影

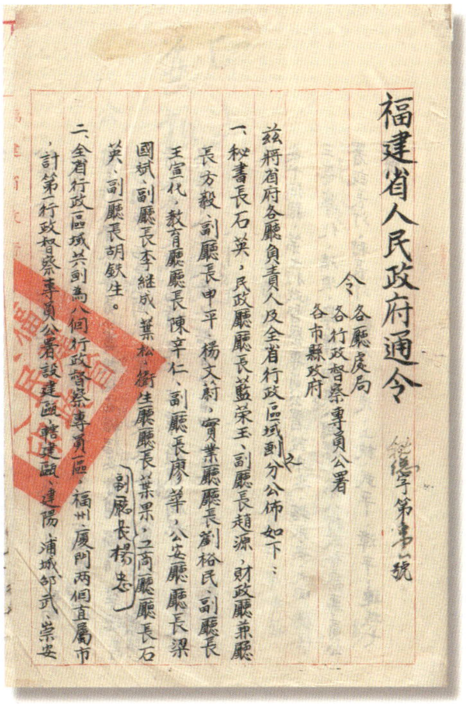
福建省人民政府通令　綏字第壹號

令　各廳處局
　　各行政督察專員公署
　　各市縣政府

茲將省府各廳負責人及全省行政區域劃分公佈如下：

一、秘書長石英，民政廳廳長藍榮玉，副廳長趙源，財政廳兼廳長方毅，副廳長申平，楊文蔚，實業廳廳長劉裕民，副廳長王宣化，教育廳廳長陳辛仁，副廳長廖華，公安廳廳長梁國斌，副廳長李維成，葉松，衛生廳廳長葉果，工商廳廳長石英，副廳長胡欽生，副廳長楊志。

二、全省行政區域共劃為八個行政督察專員區，福州，廈門兩個直屬市，計第一行政督察專員公署設建甌，轄建甌、建陽、浦城、邵武、崇安

◎福建省人民政府关于各厅负责人及全省行政区域划分的通令

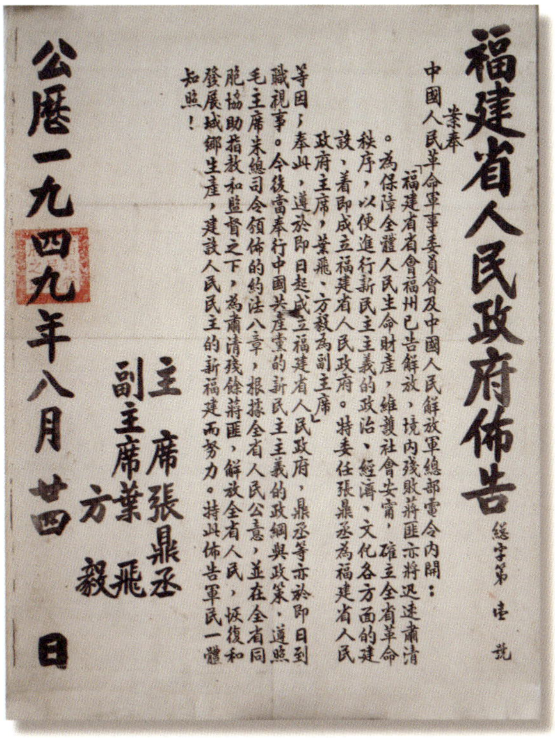
福建省人民政府佈告

綏字第壹號

奉

中國人民革命軍事委員會及中國人民解放軍總部電令內開：「福建省省會福州已告解放，境內殘敗蔣匪亦將迅速肅清。為保障全體人民生命財產，維護社會安寧，確立全省革命秩序，以便進行新民主主義的政治、經濟、文化各方面的建設，着即成立福建省人民政府。特委任張鼎丞為福建省人民政府主席，葉飛、方毅為副主席」等因；奉此，遵於即日起成立福建省人民政府，鼎丞等亦於即日到職視事。今後當奉行中國共產黨的新民主主義的政綱與政策，遵照毛主席朱總司令頒佈的約法八章，根據全省人民公意，並在全省同胞協助指教和監督之下，為肅清殘餘蔣匪，解放全省人民，恢復和發展城鄉生產，建設人民民主的新福建而努力。特此佈告軍民一體知照！

主　席　張鼎丞
副主席　葉飛　方毅

公歷一九四九年八月廿四日

◎福建省人民政府第一号布告

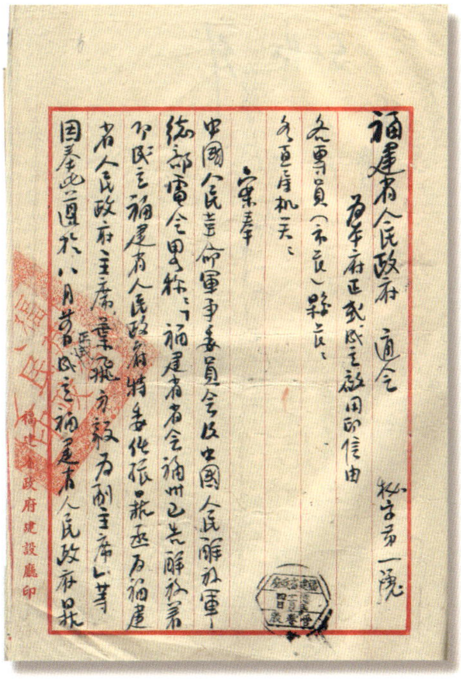
福建省人民政府通令　秘字第一號

為本府正式成立啟用印信由

各專員（市長）縣長、
各直屬机关、

案奉
中国人民革命軍事委員会及中国人民解放軍總部電令內開：「福建省會福州已告解放，着即成立福建省人民政府，特委任張鼎丞為福建省人民政府主席，葉飛、方毅為副主席」等因，奉此遵於八月廿四日正式成立福建省人民政府

◎福建省人民政府关于正式成立起用印信的通令

档案文献名称 新中国老电影海报

档案文献形成年代 1951年–1999年

档案文献数量 5000多件

档案文献保存者 泉州市鲤城区档案馆

地　　址 福建省泉州市鲤城区西湖小区七星街22号

邮　　编 362000

档案文献内容及评介

该档案为泉州地区公开放映的电影原版海报，涉及革命战争、科普宣传、百姓生活等多种电影题材，海报创作形式丰富多样，有国画、油画、木刻、剪纸等，多为当时著名艺术家设计或绘画，体现了中国电影文化在不同时代所具有的独特内涵，是新中国半个多世纪电影发展的历史记忆。这批电影海报数量多，保存完整系统，其中部分海报为孤本，具有很高的收藏和研究价值。

海上丝绸之路
大型彩色科教片
编剧：陆新扬　曹忠铨　杨恩璞
导演兼摄影：杨恩璞
摄影：张宝义　张文田
（中国航海协会协助）
北京科学教育电影制片厂摄制
中国电影发行放映公司发行

彩色科教片
中国首次南极考察
顾问
金庆明
编剧
张青松
摄影
高翔
陈富才
导演
王为光
中国
上海科学教育电影制片厂摄制
中国电影发行放映公司发行

档案文献名称	朱德为大田县革命烈士纪念碑题词档案
档案文献形成年代	1957年–1958年
档案文献数量	7件
档案文献保存者	三明市大田县档案馆
地址	福建省三明市大田县银山北路2号二单元7楼
邮编	366100

档案文献内容及评介

该档案内容包括朱德于1958年1月13日为大田革命烈士纪念碑亲笔题写的“为革命事业而牺牲的烈士们永垂不朽”，以及大田县人民委员会提请国家领导人为革命烈士纪念碑题词与有关部门的来往公函。该档案保存系统完整，具有重要的史料价值。

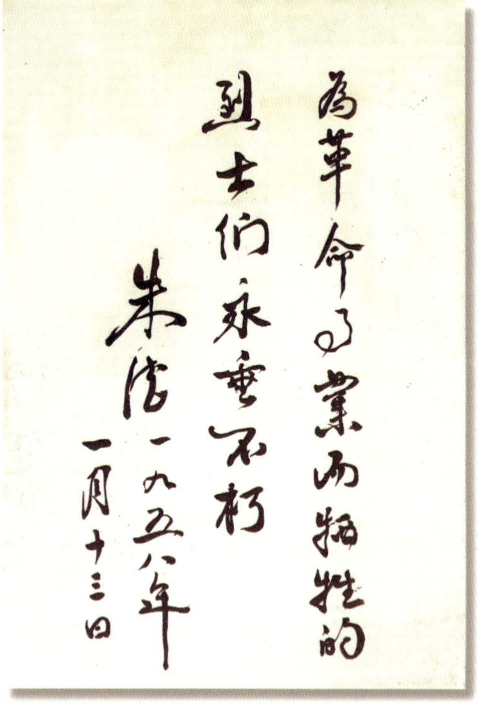

◎朱德的亲笔题词

◎大田县革命烈士纪念碑

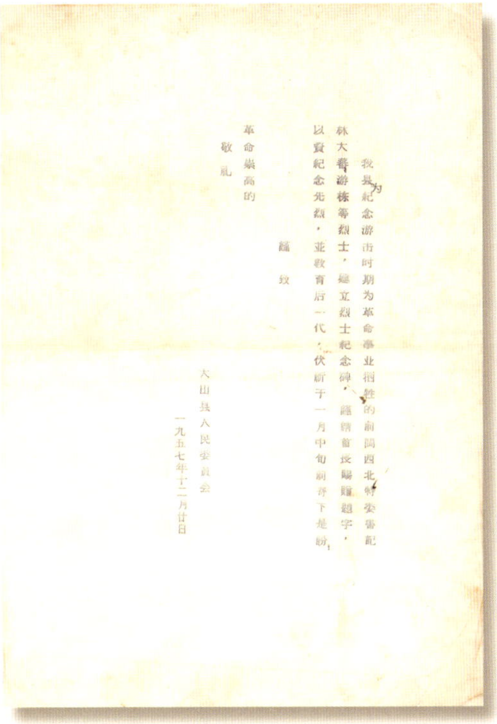

我县为紀念游击时期为革命事业犧牲的前閩西北特委書記林大蕃、游栋等烈士，建立烈士紀念碑，懇請首長賜贈題字，以資紀念先烈，並教育后一代，伏祈于一月中旬前寄下是盼。

謹致

革命崇高的

敬礼

大田县人民委員会

一九五七年十二月廿日

◎大田县人民委员会请求为纪念碑题字的信函

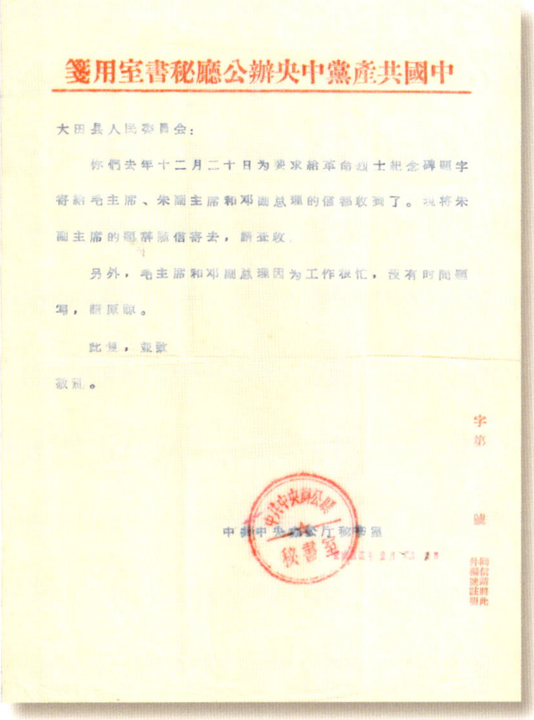

中國共產黨中央辦公廳秘書室用箋

大田县人民委員会：

你們去年十二月二十日为要求給革命烈士紀念碑題字寄給毛主席、朱副主席和邓副总理的信都收到了。現將朱副主席的題詞隨信寄去，請查收。

另外，毛主席和邓副总理因为工作很忙，沒有时間題写，請原諒。

此复，並致

敬礼。

字第　號

中共中央办公厅秘书室

◎中共中央办公厅秘书室关于题词的复函

后 记

福建档案文献遗产资源丰富，极具八闽地方特色。福建侨批档案于2010年、2012年、2013年分别入选《中国档案文献遗产名录》《世界记忆亚太地区名录》和《世界记忆名录》。2008年和2017年福建省档案局组织开展了珍贵档案文献评选工作,经过档案、历史、方志、图书等领域专家学者的评审，评选出61件（组）档案文献为福建省珍贵档案文献，入选《福建省珍贵档案文献名录》，内容涉及政治、经济、军事、文化、教育等方面。本书汇总了“福建侨批档案”和《福建省珍贵档案文献名录》的申报材料，其中福建省珍贵档案文献按照宋代档案、明代档案、清代档案、民国档案、革命历史档案、新中国成立后档案进行分类整理，以期向读者介绍福建省各级档案馆馆藏珍贵档案文献。

本书的编辑工作得到福州市档案馆、厦门市档案馆、漳州市档案馆、泉州市档案馆、三明市档案馆、莆田市档案馆、龙岩市档案馆、宁德市档案馆、福清市档案馆、龙海市档案馆、东山县档案馆、鲤城区档案馆、惠安县档案馆、安溪县档案馆、宁化县档案馆、将乐县档案馆、大田县档案馆、仙游县档案馆、涵江区档案馆、建阳区档案馆、武夷山市档案馆、上杭县档案馆、蕉城区档案馆、福安市档案馆、柘荣县档案馆和厦门市国土房产测绘档案管理中心等文献收藏单位的大力支持，在此表示衷心的感谢!

限于编者的学识、能力和水平，加之编纂时间仓促，本书存在的错讹疏漏之处，敬请读者批评指正。

编 者